CSC
CENTRO DE SERVIÇOS COMPARTILHADOS

EVELINE ARAKAWA & MARINA MOREIRA

PARTICIPAÇÃO DE LEANDRO MAIA E DANILO FILHO

CSC
CENTRO DE SERVIÇOS COMPARTILHADOS

POTENCIALIZANDO
RESULTADOS NA PRÁTICA

Labrador

Coordenação editorial Pamela J. Oliveira
Assistência editorial Leticia Oliveira, Vanessa Nagayoshi
Direção de arte e capa Amanda Chagas
Projeto gráfico Vinicius Torquato, Jeferson Teixeira Soares
Diagramação Nalu Rosa
Preparação de texto Maurício Katayama

Dados Internacionais de Catalogação na Publicação (CIP)
Jéssica de Oliveira Molinari - CRB-8/9852

Moreira, Marina; Arakawa, Eveline

Centro de Serviços Compartilhados (CSC) : potencializando resultados na prática
São Paulo : Labrador, 2025.
240 p.

ISBN 978-65-5625-950-5

1. Administração de empresas 2. Serviços compartilhados (Administração) I. Título

25-3349 CDD 658.402

Índice para catálogo sistemático:
1. Administração de empresas

Labrador
Diretor-geral Daniel Pinsky
Rua Dr. José Elias, 520, sala 1
Alto da Lapa | 05083-030 | São Paulo | SP
contato@editoralabrador.com.br | (11) 3641-7446
editoralabrador.com.br

AGRADECIMENTOS

A ideia de escrever este livro nasceu em 31 de julho de 2020. Foram mais de cinco anos acreditando neste projeto e aprendendo com as dificuldades do caminho.

Tivemos importantes parceiros e incentivadores. Queríamos destacar alguns!

À amiga Euênia Carolina, que participou das primeiras reuniões de *brainstorming* do livro e nos incentivou a continuá-lo mesmo quando optou por seguir um novo caminho profissional.

Ao colega de trabalho Leandro Maia, que acreditou no potencial da obra, nos ajudou a tirar algumas pedras do caminho e contribuiu de forma significativa no capítulo sobre tecnologia.

A Falconi que, desde 2021, nos possibilitou a aplicação e expansão do conhecimento através da vivência em diversos projetos de consultoria ao longo de todo o ciclo de vida de um Centro de Serviços Compartilhados.

Ao líder e grande incentivador Rodrigo Rodrigues que, desde o momento que soube do livro, "comprou a ideia", nos motivando e abrindo caminhos.

Ao também colega de trabalho Danilo Filho que, com toda sua experiência no tema, contribuiu na revisão final e com os cases de sucesso.

E, por fim, à escritora, palestrante, mentora e conselheira Neuza Chaves, que, mesmo com uma agenda superconcorrida, avaliou com muita atenção o nosso livro e nos presenteou com o seu feedback supervalioso.

Muito obrigada!

SUMÁRIO

LISTA DE FIGURAS

LISTA DE QUADROS

LISTA DE GRÁFICOS

PREFÁCIO DAS AUTORAS

Olá, querido leitor ou leitora, seja muito bem-vindo(a) ao nosso livro.

Primeiramente, muito prazer! Antes de seguirmos para o conteúdo que preparamos com muita dedicação, gostaríamos de nos apresentar.

Somos Eveline e Marina, duas profissionais que optaram, há alguns anos, por trilhar o caminho da consultoria em gestão, auxiliando as empresas em suas jornadas de transformação e ganhos de eficiência.

Acreditamos que o conhecimento é e sempre será a ferramenta mais importante para a resolução de problemas complexos e por isso queremos compartilhar sobre um tema que, particularmente, gostamos e estudamos muito, mas que, por ser um assunto técnico, gera bastante dúvida sobre sua aplicabilidade e implantação.

Centro de Serviços Compartilhados, ou apenas CSC, pode ser compreendido como um modelo de gestão que concentra em uma nova unidade de negócio, seja ela física ou virtual, a execução de diversos processos de suporte das empresas de um grupo econômico. Esta nova unidade possui, predominantemente, um perfil de prestação de serviço e traz como principais resultados a redução de custos, padronização dos processos e sistemas, melhoria do controle e liberação de tempo para as demais unidades de negócio se dedicarem aos processos *core*.[1]

---

1 Processos *core* são aqueles que agregam valor diretamente ao cliente final. Traduzem a missão ("razão de existir") da organização.

Os primeiros *cases* desse modelo foram apresentados nos Estados Unidos, na década de 1980, "coincidentemente" no auge do modelo de negócio descentralizado, no qual as empresas optavam por replicar áreas e processos de suporte em suas diversas unidades para garantir o atendimento das demandas específicas no menor tempo possível. Entretanto, o modelo descentralizado começou a perder força devido ao alto custo de manutenção destas estruturas de apoio replicadas.

No Brasil, foi em 1990 que começaram a surgir as primeiras estruturas de CSC, alcançando, nos anos 2000, a marca de cem empresas com esse modelo de negócio implantado. Atualmente, de acordo com a plataforma MIA,[2] são cerca de 270 CSCs no Brasil.

Um estudo da revista *Fortune* aponta que os CSCs são usados por 90% das cem maiores empresas do mundo, ratificando a força desse modelo de negócio. A Figura 1 apresenta uma linha histórica de implantação do CSC em empresas internacionais e a Figura 2, exemplos de empresas nacionais ou sediadas no Brasil com CSC implantado. Gostaríamos que observassem a existência de empresas de diversos segmentos, o que evidencia a amplitude da aplicação desse modelo de negócios.

---

2 Inteligência de Mercado para CSCs do Instituto de Engenharia de Gestão (IEG).

Figura 1 – Linha do tempo CSC – Internacional (exemplos)

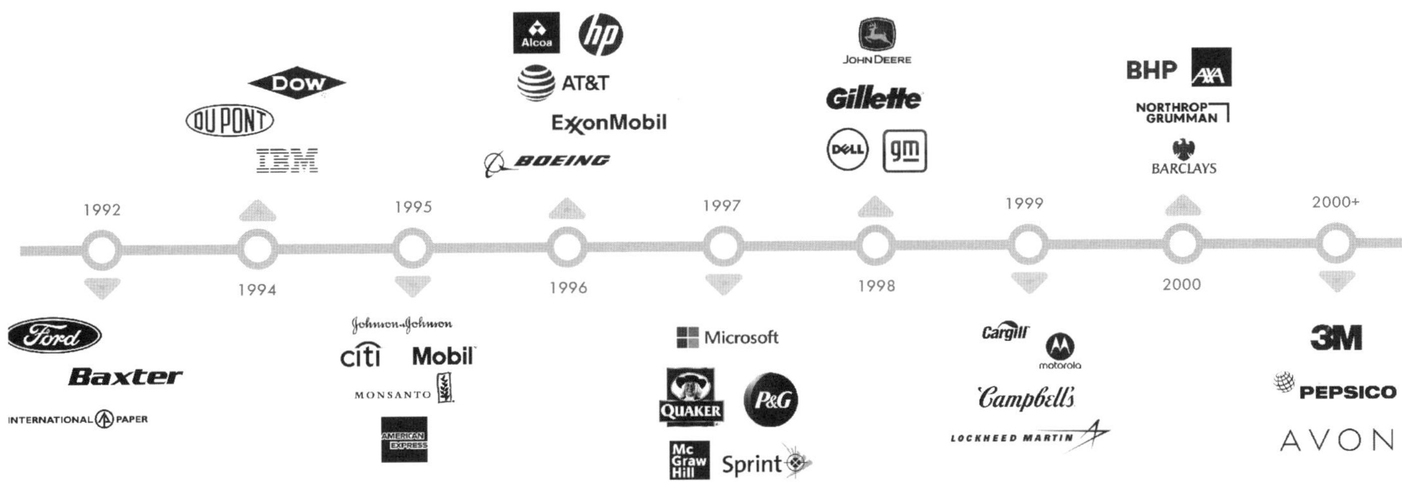

Fonte: Elaboração das autoras.

Figura 2 – CSCs no Brasil por segmento de mercado (exemplos)

VAREJO & BENS DE CONSUMO
Alpargatas
Ambev
Avon
BRF
Burguer King
Grupo Boticário
Heineken
JBS
Johnson & Johnson
Kraft Foods
Leo Madeiras
Magazine Luiza
Natura
Nestlé
PepsiCo
Sadia
Santa Maria
Souza Cruz
Unilever
Whirlpool

INDÚSTRIA
3M
Aços Villares
Alstom
Embraer
Fiat
GE
GM
Hitachi
Mercedes-Benz
Michelin
Pirelli
Renault
Siemens

SERVIÇOS
Contax
Edenred
Ensome Group
Latam
Localiza
PwC
Sabesp
Serasa

FINANCEIRO
Banco Safra
Cielo
Citibank
HSBC
Itaú
Mapfre
Santander
Sicredi

ENERGIA / GÁS
AES
CESP
Eletropaulo
Petrobras
Ultragaz
White Martins

MINERAÇÃO
Anglo American
CBMM
Magnesita
Samarco
Vale

MULTISSETORIAL
Grupo Coimex
Grupo Cosan
Grupo FAN
Grupo Ultra
Grupo Votorantim

SAÚDE
Amil
Dasa
Grupo Fleury
Unimed BH

QUÍMICA
AkzoNobel
Basf
Braskem
Dow

EDUCAÇÃO
Grupo Marista
Grupo SEF
Positivo Educação

TECNOLOGIA
IBM
Microsoft

TELECOMUNICAÇÕES
Oi
Telefônica
Vero Internet

FARMACÊUTICA
Bayer
Roche
Sanofi-Aventis

CELULOSE E PAPEL
Fibria
International Paper
Suzano

AGRONEGÓCIO
Bunge
Cargill
Syngenta

SIDERURGIA / MINERAÇÃO
CSN
Gerdau

CONSTRUÇÃO / ENGENHARIA
Andrade Gutierrez
Camargo Corrêa

MÍDIA / COMUNICAÇÃO
Grupo Abril
Grupo RBS

INFRAESTRUTURA / CONCESSÕES
Grupo CCR

Fonte: Elaboração das autoras.

Apesar de a maioria das empresas citadas nas Figuras 1 e 2 ser referência em seus respectivos segmentos de atuação, é importante destacar que a implementação de um CSC não é uma estratégia apenas para as grandes organizações.

Segundo estudo realizado pelo Instituto de Engenharia de Gestão (IEG) – *Benchmark* em CSC 2020 –, a maioria (63%) dos CSCs brasileiros é de médio porte, possuindo entre 101 e 500 colaboradores, enquanto 26% são de pequeno porte, com até 100 colaboradores, e apenas 11% são de grande porte, com mais de 500 funcionários.

É importante destacar que a quantidade de funcionários pode variar em função de requisitos como volume de transações, nível de automação das atividades, porte da empresa, escopo de serviços oferecidos, entre outros.

Para apresentarmos a nossa visão sobre esse modelo de negócio e os benefícios proporcionados, utilizaremos a teoria do *Golden Circle*.[3] Nesse modelo, começamos com o "porquê", que representará o propósito ou razão de se implementar um CSC. Em seguida, abordamos o "como" (plano de ação para o alcance do objetivo) e finalizamos com o "o que" (produto ou serviço que será oferecido aos clientes).

3 *Golden Circle* (em português, Círculo Dourado) é um conceito criado pelo especialista em liderança Simon Sinek, que tem como objetivo criar e desenvolver o valor de uma nova ideia, negócio ou campanha.

Figura 3 – Golden Circle

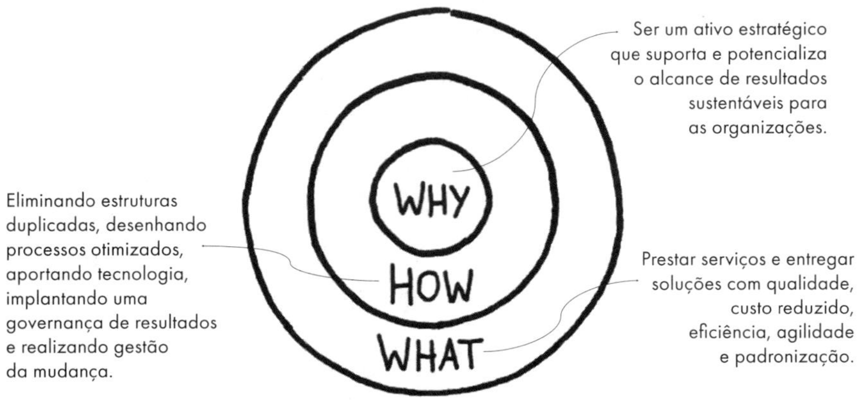

Fonte: Adaptado de Simon Sinek.

Durante alguns anos, os CSCs foram tratados como o "patinho feio" das organizações em função da natureza dos processos usualmente contidos neles e pelo nível de qualificação exigida dos profissionais. Entretanto, uma tendência que estamos observando nas empresas que já possuem um CSC é o fato de reconhecerem o quanto ele é estratégico e contribui diretamente para o alcance das grandes metas da organização.

Quando uma empresa começa a refletir sobre os possíveis benefícios que a implantação do modelo CSC pode proporcionar, é importante organizar as análises e decisões em três momentos:

1º) Estudo de viabilidade

- Quais são os problemas a serem resolvidos ou oportunidades a serem capturadas por meio da adoção de um CSC?
- Quais são as características de um CSC? Faz sentido estruturá-lo para a minha empresa?
- Quais processos podem ser migrados para o CSC?
- Qual a situação atual e gargalos dos processos elegíveis para migração? Quais dados/informações precisam ser analisados para mensuração do potencial de ganho

(quantitativo e qualitativo) com o modelo de compartilhamento de serviços?

- Quais dimensões (ou critérios) precisam ser avaliadas antes da tomada de decisão para implementação?
- Qual é a estratégia de implantação do modelo?

2º) Implantação

- Por quais serviços começar?
- Como os processos precisam ser redesenhados para eliminar as deficiências atuais e incorporar os atributos mínimos de um modelo de compartilhamento?
- Como priorizar as iniciativas oriundas do redesenho, selecionar o time com perfil aderente às competências necessárias e capacitá-lo corretamente?
- Como estar preparado para o início da operação (*Go Live*)?
- Como mensurar os resultados decorrentes da implantação?

3º) Sustentação

- Como alavancar os resultados quantitativos e qualitativos do CSC já implantado?
- Como aumentar a maturidade em gestão do CSC já implantado e definir seu plano estratégico?
- Como incorporar atributos comuns aos CSCs de excelência?

Neste livro, abordaremos as duas primeiras fases: estudo de viabilidade e implantação – direcionadas, principalmente, para empresas que ainda não possuem esse modelo de negócio, mas que acreditam que o CSC possa ser uma iniciativa que as aproximem de suas grandes metas. Para as empresas que já possuem um CSC, o convite à leitura se mantém por ser uma possibilidade de atualização sobre os requisitos mínimos, evolução de maturidade e boas práticas desse modelo.

Para conduzi-los nesta jornada de forma fluida, utilizaremos o cenário fictício do Grupo Construir e os questionamentos da sua principal executiva, Geni, que será apresentada logo no primeiro capítulo.

Boa jornada!

Capítulo 1

A JORNADA EM BUSCA DOS RESULTADOS

Para iniciarmos a jornada de conhecimento e aprendizagem sobre o tão falado, e muitas vezes pouco compreendido, Centro de Serviços Compartilhados (CSC), vamos dividir com você os questionamentos e dilemas da Geni.

Geni é sócia-fundadora do Grupo Construir, conglomerado de empresas do segmento de construção civil, e planeja sua saída da gestão executiva da *holding* e migração para o Conselho de Administração. Ela define como sua última missão executiva o aprimoramento da profissionalização do negócio, oferecendo maior velocidade, reduzindo desperdícios e ineficiências acumulados nos últimos anos, nos quais a estratégia adotada foi de aquisição de novas empresas para expansão do grupo.

Após a análise dos resultados de cada negócio e de como cada um está organizado em termos de processos, de estrutura organizacional, de pessoas e de tecnologia, Geni identificou alguns pontos críticos:

- A operação do grupo estava ficando historicamente mais cara. A linha de gastos com pessoal, especialmente do setor administrativo, era a maior ofensora, apresentando incremento significativo ao longo dos anos.
- Existência de departamentos replicados – todas as empresas possuíam áreas específicas que cuidavam das mesmas atividades de apoio ao negócio, tais como: contas a pagar, contas a receber, departamento pessoal, compras, suporte de TI, contabilidade, entre outras.
- Ausência de controles e sistemas padronizados nos diferentes negócios: os gestores locais tinham autonomia para definir as plataformas de tecnologia e a sistemática de gestão que utilizavam para avaliar a eficiência dos processos.

Após essa análise, algumas perguntas não lhe saíram mais da cabeça: como realizar uma transformação de forma sustentável, ágil e de qualidade, mantendo as características de nossa cultura? Como ser mais eficiente através da otimização das estruturas e processos de apoio sem desrespeitar as particularidades e necessidades específicas de cada negócio?

Como Geni é muito fiel à identidade organizacional (missão, visão e valores), todas as decisões tomadas por ela sempre são respaldadas por esses princípios que representam a base da cultura do Grupo Construir.

A seguir, resumimos as definições de cada atributo da identidade organizacional e o conceito de mapa estratégico.

- Visão: direciona o objetivo de longo prazo da organização – onde ela quer chegar em um determinado tempo. Materializa o desafio que será perseguido nos próximos anos.
- Missão: expressa como a organização pretende gerar valor e se diferenciar de organizações similares. Ela deve propor desafios a todos da organização e alimentar o engajamento na empresa.
- Valores: representam o DNA da organização. Orientam comportamentos, atitudes e tomadas de decisão.
- Mapa estratégico: ferramenta de gestão que ajuda as organizações a colocarem sua estratégia em prática – estruturando o plano de execução necessário (iniciativas), tendo em vista a proposta de missão, visão e valores da empresa e os objetivos estratégicos que ela quer atingir para se perenizar com geração de valor para todas as partes interessadas.

De posse do mapa estratégico, Geni começou a se questionar sobre qual iniciativa precisaria ser incluída ou ganhar mais celeridade para suportar o alcance da visão do Grupo Construir ao fim desse ciclo de gestão estratégica, potencializando a sua missão e sempre respeitando e difundindo seus valores.

Figura 4 – Mapa estratégico do Grupo Construir

Visão 2030: "Ser a empresa mais rentável do segmento de construção civil e mais admirada pelos nossos clientes."

Impacto financeiro e governança

- Assegurar a sustentabilidade econômico-financeira.
- Operar com custos competitivos.
- Aprimorar a governança e a gestão da estratégia.
- Consolidar o modelo de gestão com foco em resultados.

Negócios e clientes

- Aperfeiçoar a jornada de experiência do cliente em prol da resolução e sua satisfação.
- Aumentar a participação no mercado assegurando a rentabilidade dos empreendimentos.
- Criar modelos de empreendimento autossustentáveis.

Processos, inovação e eficiência

- Elevar a produtividade e eficiência dos processos e projetos com uso de inovação, tecnologia e padronização.
- Reduzir despesas com processos ineficientes.
- Redesenhar a estrutura organizacional.
- Implementar práticas de *Lean Construction*.

Cultura e gente

- Implantar programas de diversidade e equidade.
- Aperfeiçoar a jornada do colaborador.
- Implantar programa de meritocracia.
- Inspirar e fortalecer a prática de aprendizado contínuo.
- Criar universidade corporativa.
- Atingir zero acidentes.

Missão: "Projetar, construir e comercializar os melhores espaços para morar ou trabalhar com conforto, bem-estar e segurança."

Valores:

- Tradição: cultivamos o espírito familiar.
- Credibilidade e solidez: entregamos o que prometemos com qualidade e inovação.
- Eficiência em gastos: somos sustentáveis e competitivos.
- Time diverso e feliz: somos feitos de pessoas.

Fonte: Elaboração das autoras.

Após a análise e discussão com o seu time de gestores e consultoria parceira sobre as iniciativas estratégicas existentes, todos concordaram que existia muita oportunidade no quesito relacionado à produtividade e eficiência dos processos, e definiram como prioridade estudar as melhores alternativas para tornar o Grupo Construir mais eficiente, sem comprometimento da qualidade dos serviços prestados e da experiência dos seus clientes, sejam eles externos ou internos.

Capítulo 2

POR QUE COMPARTILHAR SERVIÇOS?

O questionamento de Geni é o mesmo dilema enfrentado diariamente por diversos empresários, investidores, executivos e gestores: como tornar a empresa mais eficiente e melhorar os resultados sem abrir mão da qualidade dos serviços oferecidos aos seus clientes, externos e internos?

Segundo Peter Drucker, o pai da administração moderna, eficiência consiste em fazer certo as coisas. Geralmente, está ligada ao nível operacional com a perspectiva de realizar as operações com menos recursos, entre eles o tempo, orçamento, pessoas, matéria-prima etc.

Ampliando o conceito para a esfera empresarial, podemos dizer que eficiência é a capacidade que a empresa tem de melhorar seus resultados, alcançar os objetivos e as metas programadas com o uso racional, inteligente e inovador dos recursos. Sem prejudicar a qualidade das suas entregas, as empresas ganham eficiência quando, por exemplo:

- reduzem o tempo gasto para executar um determinado processo;
- diminuem o consumo de recursos utilizados na entrega dos produtos/serviços;
- eliminam ações redundantes e que não agregam valor;
- automatizam tarefas repetitivas;
- aumentam sua capacidade analítica e de solução de problemas.

Colocando uma lupa nos processos de suporte das organizações, também chamados de processos de *backoffice*, a nossa experiência demonstra quatro possíveis alternativas para capturar ganhos de eficiência:

1. Automatização de processos.
2. Terceirização das atividades.
3. Centralização de processos.
4. Compartilhamento de serviços através da implantação de um CSC.

Saiba mais

A alternativa 4 pode contemplar (ou não) a automatização de processos e terceirização das atividades.

Como você já deve ter percebido, nós acompanharemos a jornada de Geni pelo quarto caminho, o do CSC. Mas, para chegar a tal decisão, Geni foi buscar entender as opções que o mercado possuía para escolher com segurança o legado que deixaria para sua empresa, e, nesse caminho, ela se deparou com inúmeros conceitos, que precisou traduzir para a sua realidade.

O primeiro conceito importante para a avaliação das alternativas propostas é o de processo e suas classificações. Uma das possíveis definições de processo é: sequência lógica de atividades inter-relacionadas que visam transformar uma entrada ("insumo") em uma saída de maior valor agregado, para atendimento de alguma necessidade específica.

Em qualquer organização, os processos podem ser classificados como finalísticos, de suporte ou gerenciais:

- Processos finalísticos: são aqueles que agregam valor diretamente ao cliente final. É toda a sequência de atividades essenciais que a organização precisa realizar para cumprir sua missão executando aquilo que é seu negócio (*core business*). Exemplos: desenvolvimento de produtos, produção, comercialização, entrega, pós-venda.

- Processos de suporte: apesar de não serem percebidos ou "vistos" pelos clientes finais, eles suportam a realização dos processos finalísticos e gerenciais, fornecendo capital humano, recursos materiais, financeiros e tecnológicos e, consequentemente, agregando-lhes valor. São indispensáveis para a plena realização dos processos finalísticos. Exemplos: gestão do capital humano ou gestão da experiência do colaborador, gestão da infraestrutura de TI, execução econômico-financeira, gestão jurídica, entre outros.
- Processos gerenciais: também conhecidos como processos orientadores ou norteadores. Eles são o guia para a empresa saber se está no caminho certo, medindo e controlando os resultados e garantindo a conformidade dos demais processos da organização. Exemplos: governança corporativa, gestão estratégica, gestão de riscos e compliance, gestão dos processos e da rotina.

É importante ressaltar que nenhum processo é mais importante do que outro. Todos são essenciais para garantir a produtividade e a competitividade de qualquer empresa e entregar valores e resultados.

Os processos de suporte, no entanto, escopo comum e predominante em modelos de compartilhamento de serviços, muitas vezes não ganham a devida atenção da alta direção, mas, se bem geridos e operacionalizados, podem ser fundamentais e estratégicos para a organização na medida em que aumentam a capacidade dos processos finalísticos em entregarem resultados.

Entendidos os tipos de processos existentes em uma organização, agora vamos falar sobre as quatro opções de soluções apresentadas para aumentar a eficiência das empresas no que tange aos seus processos de SUPORTE.

1. Automação

De acordo com o APQC,[4] a automação é essencialmente uma maneira de reduzir a intervenção humana durante a execução de um processo. A eliminação ou redução dos processos manuais pode se dar, por exemplo, através da automação de TI, automação de processos robóticos (*robotics process automation* – RPA), inteligência artificial (IA), chatbots, entre outros.

As empresas de todos os segmentos estão adotando a automação para simplificar fluxos de trabalho repetitivos e, consequentemente, serem mais eficientes na alocação dos recursos humanos, preferencialmente em atividades que requerem mais capacidade analítica. Um relatório publicado em dezembro de 2022 pela Gartner[5] previa uma receita de 3,4 bilhões de dólares para o mercado de RPA em 2024, um aumento de 34% em relação a 2022.

Vantagens:

- Redução do tempo de ciclo do processo.
- Maior conformidade através da redução da quantidade de erros durante a execução do processo, impactando na melhoria da qualidade do produto final.
- Redução do custo atrelado ao processo, principalmente relacionado à mão de obra.
- Melhoria dos níveis de serviço.

---

4 A American Productivity & Quality Center (APQC) é a maior autoridade mundial em *benchmarking*, melhores práticas, melhoria de processos e desempenho e gestão do conhecimento.

5 Empresa mundial especializada em pesquisa e consultoria em tecnologia da informação.

Pontos de atenção:

- Cuidado para não investir em automatização sem antes mapear o processo. O mapeamento identifica quais são as reais possibilidades e necessidades de automação, além de outras oportunidades de otimização do processo sem o uso de tecnologia.
- Muita gente tende a ver a automação como algo do tipo "configure e esqueça". Monitorar apenas vagamente as ferramentas de automação pode levar a sérios problemas, pois as condições estão em constante mudança. Assim como qualquer mudança em processos, aquelas decorrentes de automação também são passíveis de melhoria contínua e devem continuar sendo avaliadas.
- Não deixe de investir em treinamento para os colaboradores que continuarão envolvidos no processo, seja como "cliente interno" ou gestor, e também para os colaboradores que serão direcionados para novas funções após a automação do processo.

2. Terceirização

A terceirização, também conhecida como BPO (*Business Process Outsourcing*), ocorre quando a empresa decide por suspender a execução de determinada atividade (ou processo) internamente e "comprá-la" de empresas especializadas nela. É comumente escolhida quando a empresa não possui interesse na execução desses processos de suporte e acha necessário voltar sua atenção ao *core business.*

Vantagens:

- Priorização dos processos finalísticos e garantia de foco na atividade principal da organização.

- *Know-how* da empresa terceira na tratativa dos processos de suporte contratados.
- Possíveis reduções de gastos e aumento do nível de serviço.

Pontos de atenção:

- Falhas na comunicação com o fornecedor, gerando possível perda na qualidade do serviço e limitado nível de customização dos processos.
- Necessidade de estruturar o processo interno de gestão dos serviços de terceiros.
- Dificuldade de encontrar uma empresa terceira de confiança que entregue o nível de qualidade exigido, garantindo simultaneamente sua própria sustentabilidade, e que cumpra as condições contratuais.
- Desalinhamento com a cultura e os valores da contratante, perdendo o "senso de dono" e, consequentemente, o interesse em entregar com excelência.
- Alta rotatividade das equipes terceirizadas dificultando, e muito, a retenção de conhecimento e também a garantia da segurança da informação.

Por isso, apesar de ser frequentemente a opção financeira mais viável, é muito importante fazer o *trade off*,[6] refletir sobre as desvantagens desse modelo e mitigar seus riscos e impactos.

3. Centralização

Ao contratário da terceirização, a centralização é a consolidação dos processos de suporte e, consequentemente, das pessoas envolvidas na execução deles em uma única área com o objetivo

6 Termo utilizado para definir uma situação em que há conflito de escolha.

de unificar as demandas e eliminar duplicidades, sobreposições e redundâncias. Essa alternativa também possui seus pontos positivos e negativos.

Vantagens:

- Ganhos de escala: otimização dos recursos (humanos e materiais) a partir da consolidação das demandas.
- Redução de custos.
- Agilidade de atendimento (para demandas padronizadas).
- Padronização e previsibilidade dos processos (não é uma regra, uma vez que é comum encontrarmos só a centralização física dos processos antes pulverizados pela empresa).

Pontos de atenção:

- Engessamento dos serviços prestados.
- Ausência de SLA (acordo de nível de serviço) – ou é a área fornecedora que dita as regras sem ouvir as necessidades da área cliente, ou a área cliente dita as regras sem avaliar os impactos na área fornecedora.
- Necessidade de tempo e investimento para capacitação dos colaboradores.

A centralização, que muitas vezes representa apenas uma reorganização física dos colaboradores, pode ser o primeiro passo para o compartilhamento de serviços. Contudo, há um grande risco de ficar estagnado e se tornar um gargalo na empresa ao invés de agregar valor aos processos finalísticos, caso não haja clara estratégia relacionada ao tema.

4. Centro de Serviços Compartilhados

O compartilhamento de serviços é um modelo evoluído a partir da simples centralização, incorporando os diferenciais do modelo descentralizado – por exemplo, a velocidade de resposta e o reconhecimento das prioridades e especificidades de cada unidade de negócio. Com uma cultura muito forte de prestação de serviço, os CSCs são estruturados para serem unidades solucionadoras de problemas dentro das organizações. As vantagens do modelo estão relacionadas a três pilares: melhoria contínua, implementação de acordos de nível de serviço (ANSs) ou *service level agreements* (SLAs) e ganhos de eficiência, conforme especificado a seguir:

Vantagens:

- Redução de custos com pessoal ou direcionamento para atividades mais analíticas ou estratégicas (pesquisas sobre o tema apontam que mais de 50% das empresas estudadas[7] apresentaram até 20% de redução de *head-count* após doze meses do início das operações do CSC. Em termos de ganhos de eficiência, a maior parcela das empresas estudadas[8] apresentou entre 21% e 30% de redução de custo).
- Padronização dos processos com objetivo de segurança (retenção do conhecimento dentro da organização), fluidez (velocidade), previsibilidade e qualidade dos serviços prestados, sem engessá-los, sempre refletindo as necessidades dos clientes internos.

7 Foram 379 empresas de nove segmentos (Delloite, 2019).

8 Pesquisa PWC 2017, com 75 empresas de vinte países.

- Busca consistente e constante pela excelência na prestação dos serviços através da criação dos SLAs, SLAs reversos[9] e indicadores de satisfação e qualidade.
- Aumento da competitividade da empresa a partir do aumento da capacidade de agregação de valor dos processos de suporte facilitando movimentações estratégicas, por exemplo, expansões e absorção de novas unidades.

Pontos de atenção:

- Investimento em gestão de mudança para facilitar a adaptação cultural voltada para a prestação de serviço.
- Investimento em treinamentos (superior ao de centralização).
- Investimento em automação.
- Gestão como unidade de negócio contemplando suas receitas e gastos.

Geni, de posse dos novos conceitos adquiridos, elaborou uma matriz a partir dos pontos apresentados nas quatro possíveis soluções para facilitar sua tomada de decisão.

9 SLAs reversos são acordos que fazemos com o solicitante do serviço, com requisitos básicos que ele precisa fornecer ou atender para o CSC dar início à solicitação.

Quadro 1 – Soluções para aumento da eficiência nos processos de suporte

Modelo	Vantagens	Pontos de atenção
Automação	• Agilidade – execução dos processos de forma mais rápida. • Redução de erros humanos. • Redução de pessoal.	• Esquecer dos processos depois de automatizá-los. • Automatizar processo ineficiente. • Direcionamento dos colaboradores que tiveram suas funções automatizadas.
Terceirização	• Uma coisa a menos para pensar. • Foco na nossa missão. • O parceiro tem mais know-how nos processos selecionados.	• Baixa aderência à cultura da Construir. • Alta rotatividade de colaboradores. • Risco com a segurança da informação.

(continua)

Quadro 1 – Soluções para aumento da eficiência nos processos de suporte (*continuação*)

Modelo	Vantagens	Pontos de atenção
Centralização	• Padronização dos processos (se houver esforço nesse sentido). • Redução de pessoal. • Ganho de escala.	• Padronização em excesso pode engessar nossas atividades. • Velocidade de resposta pode não atender às necessidades dos negócios.
CSC	• Cultura de prestação de serviço. • Redução/otimização de pessoal (+ valor). • Padronizar sem perder de vista as necessidades dos negócios na medida do possível/customizar. • Melhoria contínua.	• Mais treinamento e profissionalização. • Investimento em TI. • Mudança cultural. • Pode-se precisar de ajuda técnica para implantar.

Fonte: Elaboração das autoras.

Apesar de parecer bastante complexo e de Geni não estar segura por onde começar, ela entendeu que um CSC atua em todos os pontos críticos que identificou durante a análise de cada um dos negócios, ao mesmo tempo que promove a profissionalização desejada para o grupo. Além disso, o CSC possui como um de seus valores o prazer em servir, e ela observa esse ponto forte na cultura do Grupo Construir no dia a dia.

Para ter mais segurança na decisão tomada, Geni foi se aprofundar no tema.

2.1 COMO É A ESTRUTURA DE UM CSC?

Como dito anteriormente, o CSC pode ser compreendido como um modelo de gestão que concentra em uma nova unidade de negócio, seja ela física ou virtual, a execução de diversos processos de suporte (em alguns casos, também os processos gerenciais) das empresas de um grupo econômico. Essa nova unidade possui, predominantemente, um perfil de prestação de serviço e traz como principais resultados a redução de custos, melhoria do controle, liberação de tempo para as demais unidades de negócio se dedicarem aos processos *core* e padronização de processos e sistemas com melhoria contínua.

A Figura 5, a seguir, representa de forma didática como a estruturação de um CSC promove a eliminação de funções replicadas:

Figura 5 – Estruturas de unidades de negócio (antes e após a prática do CSC)

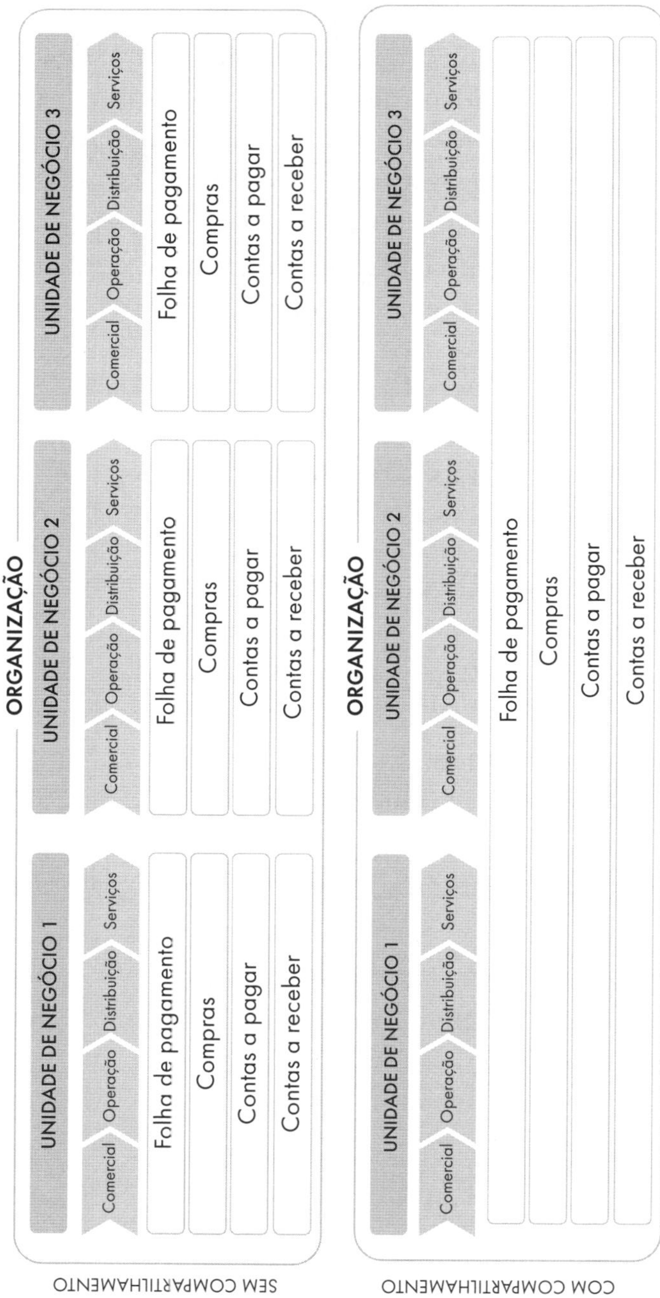

Fonte: Elaboração das autoras.

Ainda encontramos muita literatura técnica sobre CSC utilizando a palavra "centralização". Entretanto, é importantíssimo(!) reforçar que ele não constitui um mero ato de centralizar processos de suporte e pessoas no mesmo espaço físico. O desafio na implantação de um CSC está em criar e manter uma estrutura que consiga entregar a escala de um modelo de centralização pura com custos otimizados, além do olhar para a qualidade e agilidade na prestação de serviços customizados aos seus clientes, comuns dos modelos descentralizados.

Portanto, é importante enfatizar que o CSC é a combinação das melhores qualidades do Modelo Centralizado, que preza pelo foco em escala e menores custos, e do Modelo Descentralizado, que se caracteriza pela flexibilidade e adaptabilidade. A Figura 6, a seguir, representa o ponto de equilíbrio ideal desses dois modelos que culmina nas características do Modelo Compartilhado:

Figura 6 – Ponto de equilíbrio dos modelos

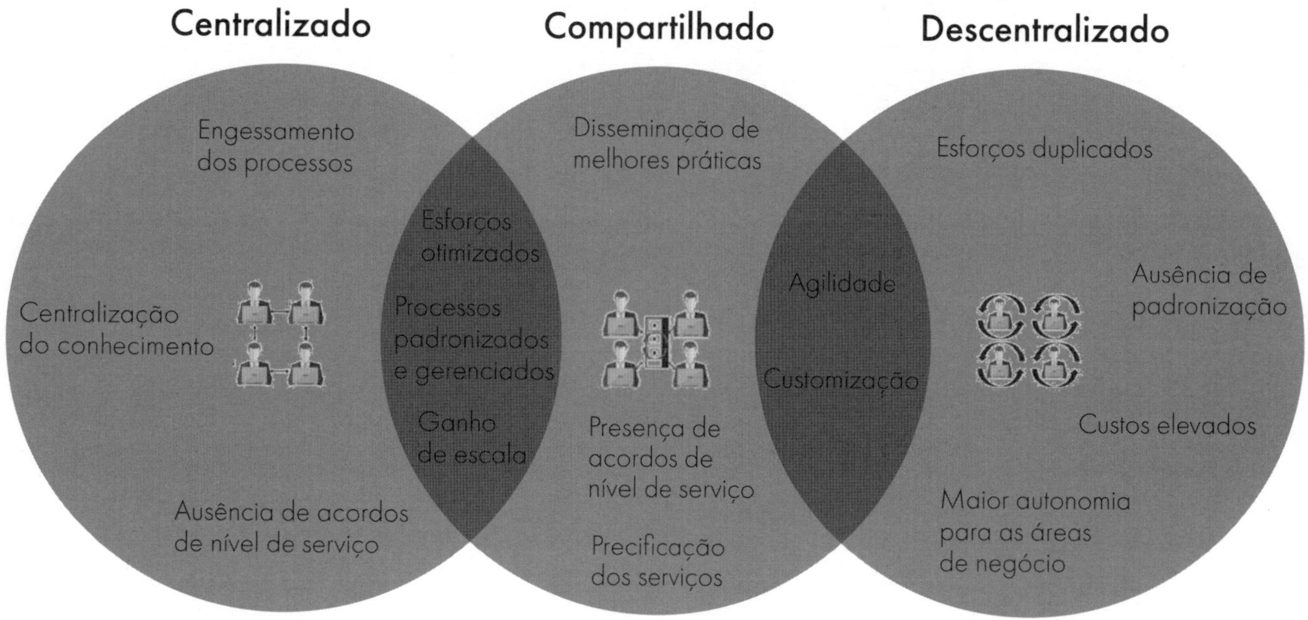

Fonte: Elaboração das autoras.

Saiba mais

O CSC pode ser interpretado como um processo de "terceirização". Entretanto, a fornecedora de serviço, nesse caso, é outra área ou unidade de negócio da mesma organização ou grupo empresarial, garantindo a manutenção da mesma visão, missão e valores. É o que algumas empresas chamam de operação de *insourcing* (terceirização interna).

2.2 E NA MINHA EMPRESA, FAZ SENTIDO UM CSC?

Como apresentamos no Capítulo 1, se a sua empresa tem como ambição ser reconhecida como uma organização dinâmica, sustentável e eficiente, o CSC é fortemente indicado, principalmente se apresentar algumas das características a seguir:

- **Múltiplas unidades de negócio ou filiais**
  Quando uma companhia apresenta essa estrutura, é possível alcançar maiores ganhos de escala com a consolidação dos processos de suporte e eliminação das estruturas duplicadas.

  Muitas empresas de matriz única, seja pelo tamanho ou modelo de estrutura funcional, apresentam diversas unidades organizacionais (áreas ou departamentos) com equipes de apoio replicadas e, de forma similar ao exposto, a implementação de um CSC pode ser uma iniciativa para buscar ganhos de eficiência.

- **Operações em diversas localidades físicas, seja na mesma cidade, ou em cidades e até países diferentes**
  Esse cenário é predominante em empresas que implantaram um CSC com o objetivo de eliminar estruturas duplicadas em cada localidade.
- **Intenção de crescer através de *joint ventures*[10] ou M&A[11]**
  Empresas que possuem como estratégia os processos de aquisição e fusão ou acordos de cooperação utilizam da prática de compartilhamento para capturar, com mais velocidade, ganhos financeiros com a otimização das estruturas envolvidas na execução dos processos de suporte das empresas adquiridas.
- **Presença de um sistema de gestão integrado (*enterprise resource planning* – ERP)**
  A presença de sistemas integrados, antes da implementação do CSC, potencializa a obtenção de ganhos de escala, pois permitem maior consolidação de processos, principalmente de cunho financeiro, e diminuem os investimentos iniciais do CSC.
- **Colaboradores realizando atividades operacionais e analíticas na mesma área**
  Atividades analíticas demandam colaboradores de maior qualificação e senioridade. Esses profissionais possuem um custo mais elevado e, portanto, não deveriam realizar atividades operacionais. Quando isso acontece, a companhia está subutilizando esses recursos mais

10 *Joint venture* é uma associação econômica (um acordo comercial) entre duas ou mais empresas, de ramos iguais ou diferentes, que decidem reunir seus recursos para realizar uma tarefa específica, durante um período determinado e, portanto, limitado.

11 M&A é a sigla para *Mergers & Acquisitions*, ou "fusões e aquisições" em português. A fusão ocorre quando duas empresas se unem para formar uma nova organização, enquanto a aquisição ocorre quando uma empresa compra outro empreendimento – e ambas são consideradas operações societárias.

qualificados para realização de rotinas que exigem menor especialização.

- **Crescimento orgânico acentuado**
  Empresas que possuem estratégia de crescimento agressivo, por meio de expansões e aberturas de novas unidades de negócio, também são beneficiadas pelo compartilhamento de serviços. Essa expansão acentuada demanda novas áreas, colaboradores e processos, e muitos deles podem ser absorvidos pelo CSC.

A sua empresa não precisa apresentar todas as características listadas para implantar um CSC. A presença de pelo menos uma delas já é um indício de que esse modelo de negócios precisa ser avaliado com mais atenção.

Com essas informações, ficou ainda mais claro para a Geni que o CSC era a melhor solução para o grupo Construir.

Quadro 2 – Características organizacionais aderentes ao modelo de CSC	
Critério	Construir
Múltiplas unidades de negócio ou filiais.	✔ Somos um conglomerado e possuímos várias filiais.
Operações em diversas localidades físicas – sejam na mesma cidade, ou em cidades e até países diferentes.	✔ Temos operações distribuídas em duas regiões do Brasil e estamos avaliando expandir pela América Latina.
Intenção de crescer através de *joint ventures.*	✖ Não, pelo menos por enquanto...
Presença de um sistema de gestão integrado (ERP).	✔ Temos!
Colaboradores realizando atividades operacionais e analíticas na mesma área.	✔ Temos! Exemplo: nossos analistas de TI se dividem entre desenvolver novas soluções e atender chamados de rotina. Resultado: não conseguimos desenvolver nada e as áreas reclamam de demora no atendimento...
Crescimento orgânico acentuado.	✔ Crescemos muito rápido. Estamos onde estamos graças à aquisição de empresas e ao time que deu o sangue para fazer acontecer. Chegou a hora de concentrar nossos esforços para arrumar a casa e garantir sustentabilidade para o negócio.

Fonte: Elaboração das autoras.

Saiba mais

Se você é um gestor público, saiba que o CSC também é aplicado na Administração Pública. Existem diversos cases nesses tipos de organização. No Brasil temos, por exemplo:

- Governo do Estado de Minas Gerais.
- Metrô de São Paulo.
- Correios.
- Petrobrás.

2.3 PREMISSAS GLOBAIS DO CSC

Agora que Geni já sabe o que é um CSC e as características em comum das empresas que o possuem, ela foi buscar conhecer as premissas globais para o pleno funcionamento dele.

Para garantir a captura integral dos ganhos qualitativos e financeiros da implantação de um CSC, existem alavancas essenciais que devem ser contempladas. São elas:

2.3.1 Padronização e melhoria contínua

A padronização e a cultura de melhoria contínua em um CSC é fundamental para garantir eficiência operacional, redução de custos e qualidade nos serviços prestados.

Padronizar processos significa organizar e formalizar, por meio do desenho e da documentação, as atividades realizadas por uma área.

Um padrão de processo deve estabelecer e comunicar, no mínimo, os seguintes pontos:

- Objetivo: resultado(s) esperado(s) com a execução desse processo.
- Como: sequência de atividades executadas e ferramentas utilizadas para transformar as entradas do processo em produtos de maior valor agregado.
- Quem: os agentes envolvidos na execução do processo.
- Quando: quais os prazos de execução de cada etapa do processo.

Dentre os inúmeros benefícios que a padronização pode trazer, temos: aumento da produtividade do time, otimização do tempo de realização das atividades, aumento da confiabilidade, reduzindo falhas e a variabilidade nas características finais do produto, além de ser um excelente instrumento de capacitação do time envolvido.

Além disso, a padronização é a base para a melhoria contínua, pois estabelece um ponto de referência consistente a partir do qual a organização pode avaliar e aprimorar seus processos.

O termo "melhoria contínua" é uma das traduções do *Kaizen* – um princípio da filosofia Lean que pode ser compreendido como uma prática que as empresas adotam quando buscam, ininterruptamente, aperfeiçoar seus produtos, serviços e processos.

No contexto do CSC, a prática da melhoria contínua é um elemento de extrema importância. Através de análises recorrentes dos processos internos, é possível identificar onde estão as ineficiências, gargalos, falhas, atrasos e desperdícios que podem ser sanados, levando assim a mais eficiência e produtividade.

Para você ter sucesso com essa prática, é importante definir bem o foco de atuação (o que você quer melhorar?) e as métricas que serão utilizadas para saber se está melhorando. Os indicadores são instrumentos capazes de traduzir os problemas e sinalizar o quanto estes comprometem o desempenho.

Além dos indicadores relacionados às pesquisas de satisfação, o CSC também pode (e deve) contar com indicadores financeiros, de produtividade e de prazo. Eles devem possuir metas e ser monitorados e revisados periodicamente em reuniões de desempenho que garantam o tratamento dos desvios através da elaboração e acompanhamento de um plano de ação.

A disciplina é primordial para que essas reuniões sejam, de fato, sistemáticas e possuam o viés de resolução de problemas. Para garantir o compromisso com a excelência, a capacitação das pessoas que fazem parte do CSC é crucial.

Saiba mais

- Mais do que uma prática, a melhoria contínua precisa ser parte da cultura empresarial e do dia a dia dos colaboradores, uma vez que envolve toda a empresa. Qualquer pessoa pode e deve sugerir mudanças. E, como o próprio termo diz, é contínuo. Assim, não pode ser visto como um projeto, com começo, meio e fim, mas como um processo cíclico.
- Muitos CSCs optam por criar uma área específica de Melhoria Contínua, haja vista a relevância da prática para a captura dos ganhos qualitativos e quantitativos. As atribuições dessa área englobam, entre outras:

  – Criação, apuração e análise dos indicadores de desempenho.

  – Sugestão e implementação de ações que minimizem ou eliminem as ineficiências.

- Elaboração de pesquisas de satisfação com os clientes e de clima com os colaboradores do CSC.
- Gestão do conhecimento e do catálogo de serviços.

- Outra possibilidade é contar com um programa de Equipes de Melhoria Contínua (EMC) formado por colaboradores "que desenvolvem atividades contínuas de melhoria e inovação de forma consciente, comprometida e sistemática", conforme proposta por Neuza Chaves em seu livro *Equipes de Melhoria Contínua.*

2.3.2 Gestão de relacionamento com o cliente

Os CSCs possuem uma forte cultura voltada para a prestação de serviços. Dessa forma, é essencial que exista uma gestão de relacionamento com o cliente bem estruturada para suportar a operação e garantir que estão atingindo o objetivo de atender com excelência.

Para garantir esse gerenciamento, é importante alinhar expectativas através da criação dos ANSs e traduzir em métricas a satisfação do cliente, para o qual, periodicamente, deverá haver prestação de contas dos serviços realizados e o cumprimento dos níveis de serviços diretos e reversos.

O ANS refere-se à especificação, em termos mensuráveis e claros, do desempenho esperado – prazo, qualidade, formato, conteúdo – para o serviço contratado. De forma prática, é um combinado entre CSC e a área cliente em relação ao tempo para a finalização do serviço e/ou características que o cliente espera do serviço disponibilizado.

Para que o CSC possa garantir o desempenho contratado, pode ser que o cliente também precise cumprir alguns requisitos, que são formalizados no que chamamos de SLAs reversos, que também são negociados com os clientes. No Quadro 3 é possível encontrar exemplos de SLAs reversos para uma solicitação de compra de passagem para viagem corporativa.

Quadro 3 – SLAs reversos (exemplos)	
Item	**SLA reverso**
Canal de solicitação de serviço	Somente via chamado no portal oficial com preenchimento do formulário de solicitação (solicitações via e-mail não serão atendidas).
Informações contidas na solicitação	Na solicitação, é obrigatório informar o centro de custo relacionado e o motivo da viagem.
Prazo (antecedência da solicitação)	As solicitações de viagens devem ser realizadas com no mínimo 10 dias de antecedência da partida.
Fonte: Elaboração das autoras.	

Resumidamente, os SLAs podem ser interpretados como o "contrato" firmado entre o CSC e a área demandante, e, portanto, devem ser periodicamente geridos.

A mensuração da satisfação do cliente será abordada em detalhes no Capítulo 6.

2.3.3 Foco em pessoas

As pessoas que compõem o CSC são fundamentais para que ele adquira sua autonomia e atinja o patamar de solucionador de problemas. Além do perfil comportamental necessário (falaremos com mais detalhes depois!), capacitar as equipes em processos e sistemas sustenta a alavanca anterior de melhoria contínua. Nesse sentido, é desejável que, no mínimo, os mesmos modelos e programas de gestão de pessoas aplicados a quaisquer áreas da empresa também se apliquem ao CSC.

São as pessoas que farão a cultura da prestação de serviços transparecer e será o conhecimento delas que viabilizará a próxima alavanca: transformação digital.

2.3.4 Transformação digital

A transformação digital é a mudança baseada em inovações tecnológicas pela qual as empresas do mundo inteiro estão passando. Quando falamos em CSC, esse processo está sendo chamado de CSC 4.0.

A tecnologia sempre foi e continuará sendo uma potencializadora de desempenho, e para os CSCs ela está diretamente ligada ao grau de eficiência e ao nível da economia que será alcançado.

A perspectiva digital precisa estar refletida desde o primeiro contato do cliente com o CSC por meio de uma central única de atendimento que seja "amigável" e que permita o acompanhamento das solicitações e a avaliação da satisfação do cliente. Feito isso, atente-se aos sistemas de automação de processos, que contribuem significativamente para a redução do trabalho operacional, resultando em ganho de eficiência e diminuição de SLA. Como exemplos, podemos citar: *workflows*, *enterprise content management* (ECM), RPA, *business process management suite* (BPMS). No Capítulo 6 traremos com mais detalhes esse universo digital.

Por que compartilhar serviços?

Existem 3 tipos de processos em uma organização

1. Finalístico: atrelados ao *core business*
2. Suporte: apoia os demais processos
3. Gerencial: mede e controla os resultados

foco

Formas de ganhar eficiência

eficiência	vantagens	pontos de atenção
Automatização	Execução + ágil ↓ erros ↓ pessoal	Esquecimento dos processos Automação de ineficiência
Terceirização	Foco na missão	Baixa aderência à cultura Alta rotatividade de pessoal Risco de segurança da info
Centralização	Padronização ↓ pessoal Ganho de escala	Engessamento dos serviços Rotina da operação dificultada
Compartilhamento (CSC)	Cultura de prestação de serviço ↓/ otimização de pessoal Equilíbrio padrão x customização Melhoria contínua	Necessidade de treinamento e profissionalização Investimento em TI Mudança cultural

E quando faz sentido?

- ✓ Múltiplas unidades
- ✓ Diversas localidades
- ✓ Intenção de Joint Venture
- ✓ Existência de ERP
- ✓ Colaboradores com funções operacionais e analíticas
- ✓ Crescimento acentuado

Premissas
(o básico que todo CSC precisa ter)

1. Melhoria contínua – garantida por disciplina, governança e metas bem definidas
2. Gestão de relacionamento com o cliente – o CSC existe para servir
3. Foco em pessoas – são elas as responsáveis pelo sucesso do seu CSC
4. Transformação digital – para potencializar os resultados

Capítulo 3

O QUE DEVE SER COMPARTILHADO?

Para Geni, a decisão de implantar um CSC está tomada. A pergunta que ela se faz agora é: quais serviços deverão ser oferecidos no CSC do Grupo Construir?

O primeiro passo é identificar quais processos são passíveis de compartilhamento. Para isso, é fundamental a elaboração da Cadeia de Valor da empresa, caso ela ainda não tenha sido desenhada. A Cadeia de Valor, ferramenta gerencial criada por Michael Porter,[12] consiste em uma representação gráfica de todos os macroprocessos da companhia, que nos permite enxergá-la como um sistema e facilita a visualização do fluxo de criação de valor para o cliente final. Nela podemos reconhecer os três tipos de macroprocessos que toda empresa possui – já apresentados no Capítulo 2: finalísticos, de suporte e gerenciais.

Com a Cadeia de Valor em mãos e os conceitos estudados nas etapas anteriores, Geni identificou os macroprocessos de suporte do Grupo Construir. Esse é o primeiro filtro rumo aos processos passíveis de compartilhamento.

Figura 7 – Cadeia de Valor (conceitual)

PROCESSOS FINALÍSTICOS (FOCO NO CLIENTE)	RESULTADO
Essência do meu negócio (processos que agregam valor ao cliente, direta e consequentemente, são geradores de receita)	**Para que existo** (necessidades dos *stakeholders*)
PROCESSOS SUPORTE (APOIO)	
Sustentação ao negócio (não são visíveis aos olhos do cliente, porém suportam a realização do negócio – agregando valor aos processos finalísticos)	
PROCESSOS GERENCIAIS (ORIENTADORES)	
Gestão do negócio (monitoram, padronizam e garantem a conformidade e a operação de acordo com seus objetivos e metas de desempenho)	

Fonte: Elaboração das autoras.

12 Professor da Harvard Business School e estudioso das áreas de Administração e Economia. O foco dos seus estudos é a análise da competição em um contexto de mercado e estratégia empresarial.

Figura 8 – Cadeia de Valor (exemplo do grupo Construir)

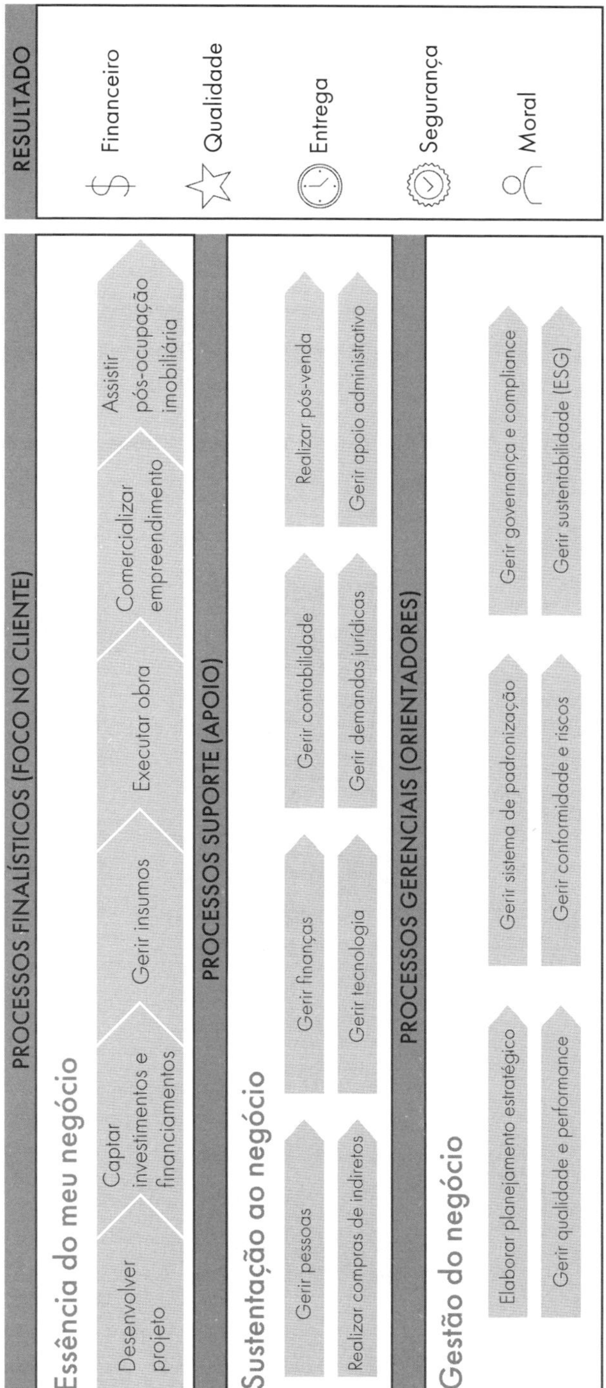

Fonte: Elaboração das autoras.

Uma vez identificados os macroprocessos (1º nível) de suporte, é preciso desdobrá-los até o nível de subprocesso (3º nível) para passarmos pelo segundo filtro. Mas como saber se desdobramos até o nível suficiente para passar para a próxima etapa? Simples! Os subprocessos recebem entradas e geram suas saídas em um único departamento, e é possível representá-lo em um fluxograma contínuo de atividades.

Nesse momento, não há necessidade de elaborar os fluxos, mas é possível fazer esse exercício conforme Geni desenhou (Figura 9).

Figura 9 – Níveis de modelagem de processos (exemplo)

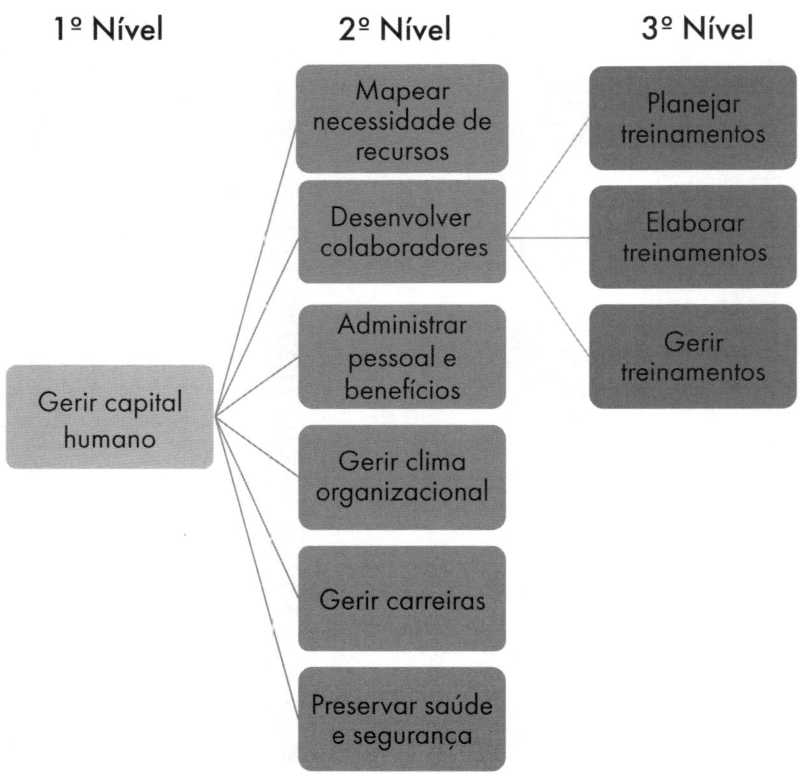

Fonte: Elaboração das autoras.

Repare que, no 3º nível desse exemplo, Geni chegou em três subprocessos a partir do processo "desenvolver colaboradores": "planejar treinamentos", "elaborar treinamentos" e "gerir treinamentos".

O Grupo Construir possui um ciclo anual de planejamento e revisão de quais treinamentos serão necessários para cada cargo/função. Pensando de forma macro, consiste em levantar necessidades da empresa, realizar *benchmarks*, atualizar conforme a legislação etc. O principal produto desse processo é um plano anual de treinamentos.

Em "Elaborar treinamentos", o Grupo Construir busca referências de mercado, desenvolve os materiais e disponibiliza na plataforma de treinamentos.

Por último, temos o "Gerir treinamentos", que se resume em garantir estrutura física, orientador, *coffee break*, material, controle de presença e mensuração da eficácia e satisfação dos treinamentos.

3.1 CRITÉRIOS DE ELEGIBILIDADE

Para a identificação dos processos elegíveis ao CSC, recomendamos a aplicação de três premissas através do conceito de funil:

1º) Processos de suporte

Por serem processos de apoio não ligados diretamente ao cliente final, eles são os mais recorrentemente conduzidos em um CSC. O modelo de serviços compartilhados permite potencializar o valor que esses processos de suporte agregam aos finalísticos.

Saiba mais

Existem exemplos de processos gerenciais em CSCs, principalmente os relacionados à gestão de desempenho ou performance. A nossa recomendação é que, além de garantir que os próximos dois critérios sejam atendidos, a migração deles seja em um segundo momento, após a estabilização do CSC com os processos de suporte.

2º) Subprocessos transacionais

Para realizarmos o segundo filtro, devemos desdobrar os macroprocessos de suporte até o 3º nível, conforme apresentado anteriormente. Nesta etapa, identificaremos o perfil predominante dos subprocessos classificando-os em transacionais ou colaborativos.

A análise deve ser feita não só entendendo as características atuais dos subprocessos da sua empresa, mas também refletindo sobre a viabilidade de trazê-los para as características transacionais. A Figura 10 lista os atributos de cada natureza:

Figura 10 – Características dos subprocessos colaborativos e transacionais

Fonte: Elaboração das autoras.

Para facilitar essa reflexão, listamos algumas perguntas que podem ser feitas para cada um dos atributos:

- Padronização – Quão fácil é padronizar a execução das atividades e garantir sua previsibilidade? Quão fácil é refletir a execução das atividades em um Procedimento Operacional Padrão (POP) e garantir a sua gestão do conhecimento? Qual é o nível de customização requerido para o processo?
- Repetibilidade – Com qual frequência o produto desse subprocesso é demandado? Uma vez ao ano ou toda semana?
- Complexidade – Quão difícil é executar as atividades? Demanda algum conhecimento mais específico, profissional com maior senioridade e/ou habilidade mais analítica? As suas variáveis são mais controladas?

- Localização – É possível que a execução das atividades ocorra em um local único? Em um cenário de digitalização, a pergunta é: o serviço pode ser prestado de forma remota?
- Interação – Existe a necessidade de muito alinhamento, com o cliente interno, antes e durante a execução das atividades?
- Capacidade – Se a execução desse subprocesso for centralizada, é possível ganhar produtividade em escala? O ganho de escala pode vir a partir da automação ou mesmo da especialização e padronização no processo de suporte, que busca com mais objetividade e foco torná-lo mais simples e ágil.
- Fluxo – Existem pausas no fluxo uma vez que a demanda é recebida? Seja por interface com outras áreas ou com profissionais de diferentes qualificações dentro da mesma área.
- Automação – É possível automatizar esse fluxo? Existe a possibilidade de utilizar uma automação de processos robóticos, por exemplo, para executar o fluxo ou pelo menos algumas atividades?
- Pessoas – Para a execução das atividades os profissionais envolvidos precisam dominar múltiplas habilidades e desempenhar vários tipos de tarefas?

Em resumo, os subprocessos transacionais possuem:

- Pouca variabilidade entre cada execução.
- Pouca interferência humana e um volume elevado de integrações entre diferentes sistemas.
- Curto ciclo de vida (tempo entre o início e a conclusão do processo).

Já os subprocessos colaborativos apresentam, entre outras, as seguintes características:

- Dificuldade de padronização ou sistematização. A execução desses processos demanda maior amplitude de conhecimento e análise.
- A qualidade do produto é diretamente impactada pela participação do cliente interno.
- Podem sofrer alterações durante a execução através da colaboração entre seus participantes.
- Podem ter ou não integração entre sistemas e tarefas automatizadas.
- Longo ciclo de vida (tempo entre o início e a conclusão do processo).

Geni colocou no papel os critérios para os três subprocessos mapeados (Figuras 11, 12 e 13).

Figura 11 – Avaliação das características do subprocesso "Planejar treinamentos"

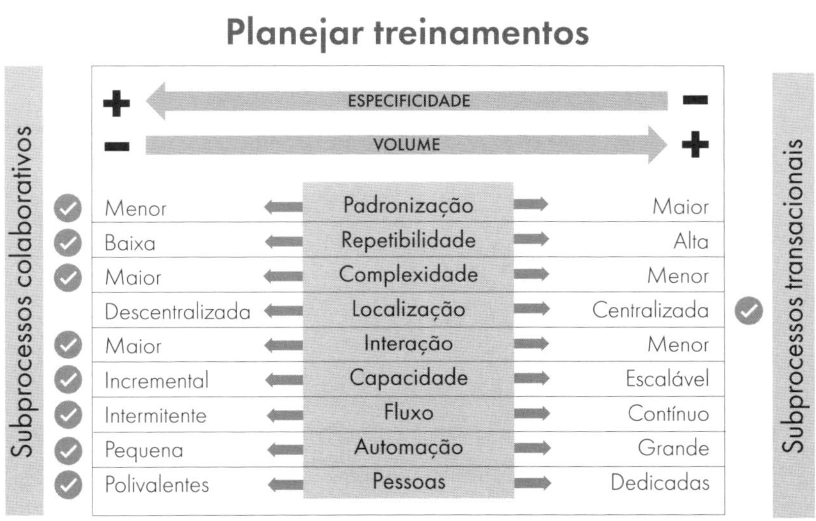

Fonte: Elaboração das autoras.

Figura 12 – Avaliação das características do subprocesso "Elaborar treinamentos"

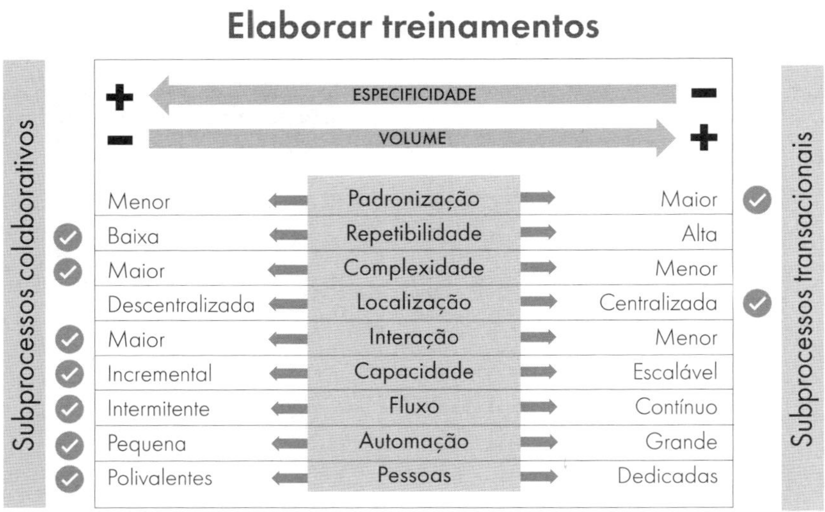

Fonte: Elaboração das autoras.

Figura 13 – Avaliação das características do subprocesso "Gerir treinamentos"

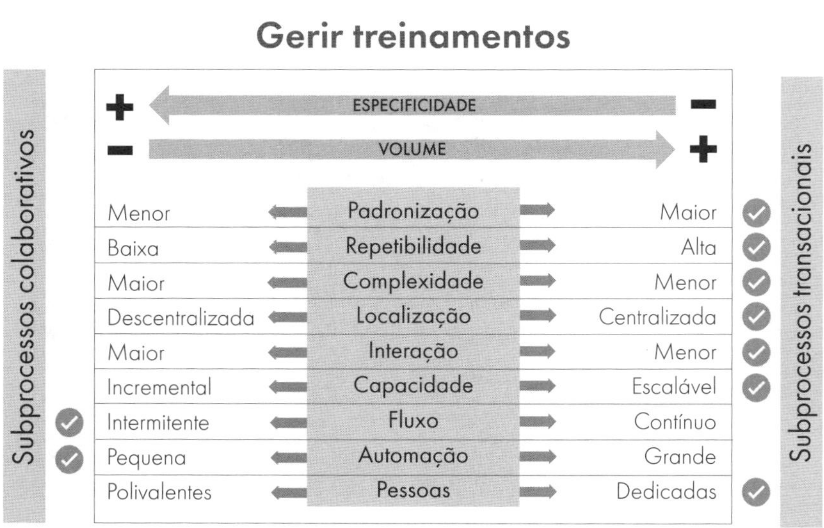

Fonte: Elaboração das autoras.

Saiba mais

Não é necessário que os processos atendam a todas as características transacionais. Naturalmente, os processos de suporte apresentam grande parte delas, mas pode ocorrer de um determinado produto ou serviço oriundo de um processo de suporte apresentar mais características colaborativas. Nesse caso, o importante é analisá-lo considerando as particularidades do seu negócio e da sua estratégia.

Os processos de suporte com característica transacional são, portanto, fortes candidatos a serem transferidos ao CSC devido ao seu acentuado potencial de padronização e automação em sistemas e um menor grau de interação entre a área solicitante e a área executora. Sendo assim, dos três processos listados por Geni, ela identificou que somente o de "Gerir treinamentos" seria transacional e o selecionou para passar pelo terceiro e último filtro.

3º) Múltiplos clientes

O terceiro critério que sustenta a migração de um processo para o CSC é a existência de múltiplos clientes internos, sejam filiais, unidades de negócio ou unidades organizacionais. Essa característica é primordial, caso contrário não vale o esforço da migração e o "compartilhamento" perde o sentido.

Figura 14 – Filtro de elegibilidade

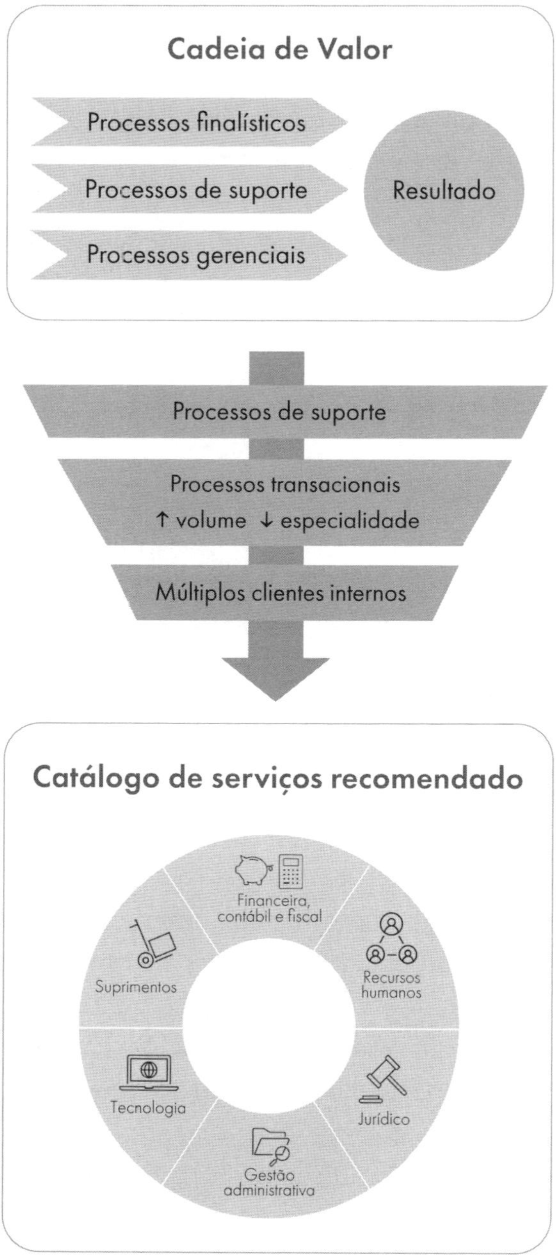

Fonte: Elaboração das autoras.

O processo de "Gerir treinamentos" atenderia a todos colaboradores do Grupo Construir, em suas diversas filiais. Era a confirmação final que Geni precisava para a tomada de decisão.

Ela e sua equipe prosseguiram com esse mesmo exercício para todos os demais processos identificados até chegar à lista dos elegíveis para o CSC do Grupo Construir. Contudo, antes de definirem a lista final, foram ao mercado em busca de insights.

3.2 PRÁTICAS DE MERCADO (*BENCHMARKS*)

No ano passado, Geni esteve em um evento de negócios e conheceu Flávia, diretora do CSC da Pragmais. A Pragmais é uma empresa de *facilities* e havia implementado o CSC há dois anos. Geni lembrou que, na época, chegou a conversar com Flávia sobre CSC, porém, agora, com um pouco mais de conhecimento, decidiu retomar o contato para fazer as perguntas certas.

Flávia, apaixonada pelo tema, convidou Geni para uma visita técnica ao CSC da Pragmais na semana seguinte. Geni colocou no papel tudo o que ela não queria deixar de perguntar para aproveitar ao máximo o seu tempo lá.

Quadro 4 – Roteiro para visita de *benchmark*	
Processos	• Quais os serviços oferecidos? • Os serviços são cobrados? Como calculam o preço? • Qual a demanda atual do CSC? • Existem indicadores e SLA? • Fazem reuniões de desempenho para acompanharem os resultados? • Quanto tempo levou para o CSC começar a atender? • O que os clientes internos têm dito sobre a prestação de serviços? É feita alguma avaliação de satisfação? • Já conseguiram capturar ganhos financeiros? O CSC mostrou-se viável? • O que teria feito diferente durante a implantação se pudesse voltar atrás? • Existe plano de expansão do CSC?
Pessoas e estrutura	• Onde o CSC está na estrutura da empresa? É uma diretoria, gerência, coordenação...? • Como é a estrutura interna do CSC? • Quantas pessoas trabalham no CSC? Qual o regime de trabalho? • Os colaboradores que estão no CSC vieram das áreas de negócio ou de mercado? • Existe alguma prática de gestão de pessoas específica para o CSC?

(continua)

Quadro 4 – Roteiro para visita de *benchmark* (*continuação*)	
Tecnologia	• Vocês utilizam ERP? • Utilizam alguma ferramenta para acompanhamento de chamados ou comunicação com os clientes internos? • Precisaram adquirir alguma ferramenta de mercado a mais? • Possuem iniciativas de automação, como RPA?
Fonte: Elaboração das autoras.	

Saiba mais

Visitar CSCs de outras empresas e participar de grupos de *benchmarking* para buscar melhores práticas, trocar conhecimentos e entender diferentes contextos é enriquecedor para quem quer implantar um CSC ou mesmo para quem já o possui. Lembre-se sempre de fazer um roteiro de perguntas para aproveitar ao máximo a sua experiência. Durante a visita, seja crítico para avaliar o que faz sentido trazer para a sua realidade, o que precisa ser adaptado e o que não é aderente.

Assim como a Cadeia de Valor é específica para cada empresa, os subprocessos de suporte transacionais podem apresentar características que impeçam a transferência para um CSC. Dessa forma, não é possível definir um catálogo-padrão aplicável a qualquer empresa.

Entretanto, pesquisas com empresas que possuem CSC implementado reiteram a validade dos critérios de elegibilidade expostos anteriormente.

Conforme Pesquisa do Centro de Serviços Compartilhados S-LATAM 2023, realizada por Delloite, as funções tradicionais de finanças, recursos humanos e fiscais continuam sendo as mais recorrentemente encontradas. No entanto, novas funções estão sendo testadas e vêm ganhando espaço dentro desse modelo, como: atendimento ao cliente, *supply chain*, tecnologia da informação e funções jurídicas.

O Gráfico 1 indica que 91% das empresas estudadas possuem a função financeira dentro do CSC, seguidos pelas funções de recursos humanos, com 67%, e fiscal, com 62%.

Gráfico 1 – Funções mais recorrentes nos CSCs

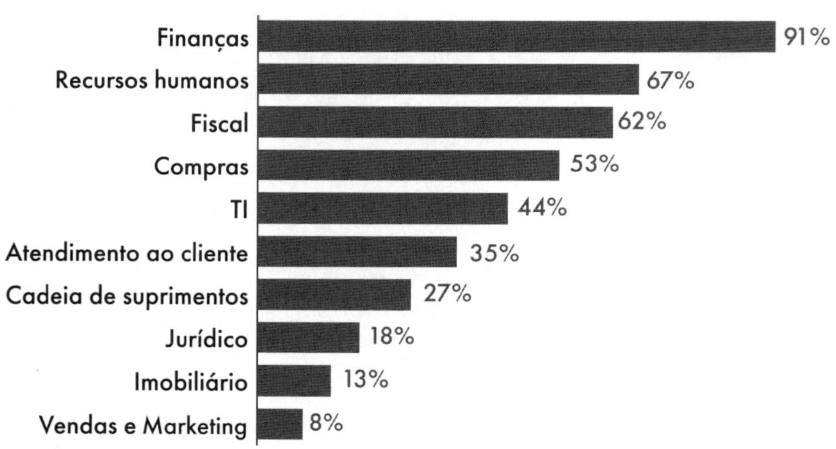

Fonte: Delloitte (2023).

De forma mais detalhada, na perspectiva de serviço prestado, o Gráfico 2 indica os mais praticados dentro da função financeira:

Gráfico 2 – Detalhamento das funções financeiras mais recorrentes nos CSCs

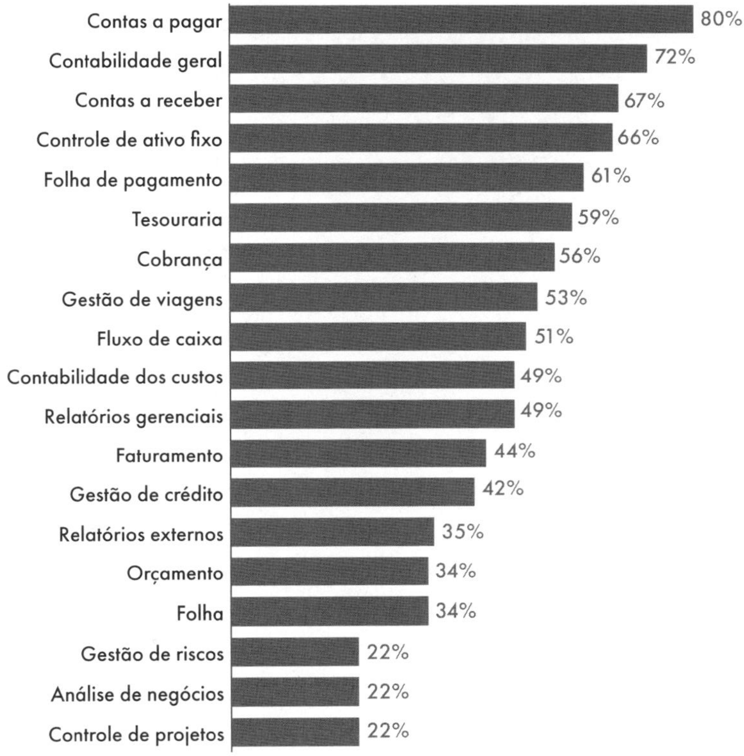

Fonte: Delloitte (2023)

Conhecer os principais serviços encontrados em um CSC auxilia na definição de quais serão implementados, porém, reiteramos que é necessário avaliar cada caso e verificar se no seu cenário eles atendem aos três critérios de elegibilidade.

O que deve ser compartilhado?

A partir da cadeia de valor...

Para ser "CSCsável", o processo deve passar pelo

FILTRO DE ELEGIBILIDADE

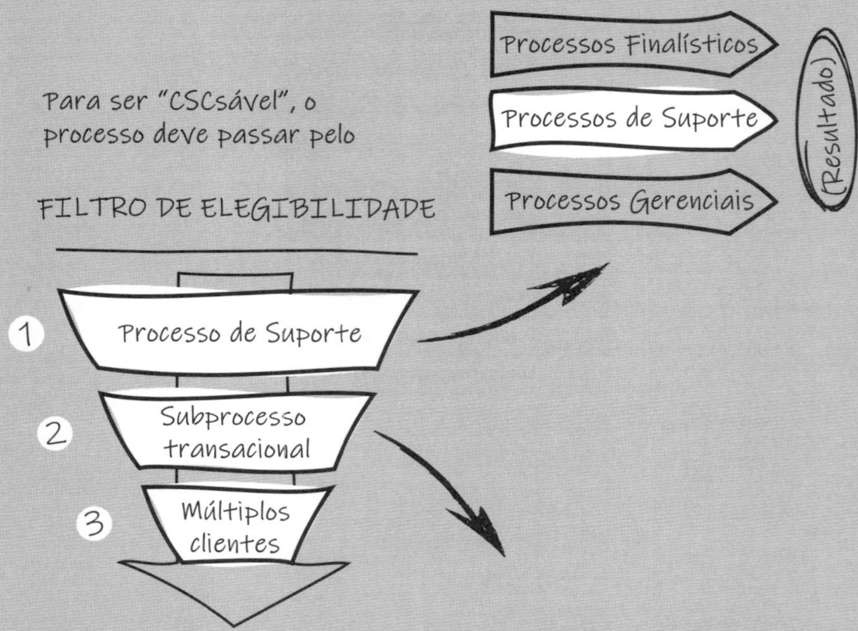

Colaborativos	✕	Transacionais
↓	Padronização	↑
↓	Repetição	↑
↑	Complexidade	↓
Descentralizado	Localização	Centralizado
↑	Interação com cliente	↓
Incremental	Capacidade	Escalável
Intermitente	Fluxo	Contínuo
↓	Automação	↑
Polivalentes	Pessoas	Dedicadas

Capítulo 4
RAIO X DA SITUAÇÃO ATUAL

Após a definição dos processos elegíveis à migração para o CSC, o próximo passo é a avaliação de como esses processos são executados atualmente. Essa etapa é importante para mapearmos todos os recursos envolvidos na execução deles, as regras de negócios e, principalmente, os gargalos que impactam na produtividade e na qualidade dos produtos e serviços entregues.

Existem diversas formas de realizarmos o mapeamento da situação atual, e a escolha de como fazê-lo irá depender dos objetivos da sua empresa. Nesta obra, citaremos um passo a passo, mas recomendamos que o leitor avalie quais desses passos atendem e são necessários para sua empresa chegar aonde deseja.

Saiba mais (1)

Muitas empresas nos questionam qual o risco de pular a etapa de mapeamento da situação atual (AS IS) em um projeto de implantação de CSC. Gostaríamos de destacar três riscos:

- Transferir para a nova unidade de operação um processo ineficiente e que pode prejudicar a credibilidade do CSC.
- Não contemplarmos no redesenho do processo todas as particularidades existentes e necessidades específicas de cada cliente.
- Redesenharmos um processo desconexo com a realidade da empresa ou até inexequível.

Saiba mais (2)

Para embasar a necessidade do AS IS: nenhum médico determina o tratamento apropriado a um paciente sem realizar um diagnóstico da situação atual. Caso não seja feito, o *TO BE* (processo redesenhado) pode ser proposto na "dosagem" equivocada e acabar "matando" o paciente pela "falta ou pelo excesso".

4.1 VISÃO SISTÊMICA DO PROCESSO

O primeiro passo para o mapeamento da situação atual deve ser compreender o contexto no qual o processo está inserido, levantando suas entregas e interfaces. Partir desse contexto mais macro reduz as chances de termos uma visão míope do processo e fornece bases sólidas para o entendimento do cenário atual.

Existem algumas maneiras de elaborar essa visão sistêmica, mas duas ferramentas utilizadas com maior recorrência para esse fim são o SIPOC e o DEIP.

SIPOC é a sigla para *supplier* (fornecedor), *input* (entrada), *process* (processo), *output* (saída) e *customer* (cliente). Esse diagrama auxilia na definição do escopo do processo e em termos uma visão:

- das principais etapas do processo (*process*);
- dos insumos necessários (*inputs*) para a execução do processo e de quem fornece (*supplier*) esses insumos;
- de quais são os produtos ou entregáveis desse processo (*outputs*) e seus respectivos clientes (*customer*).

Figura 15 – SIPOC (exemplo)

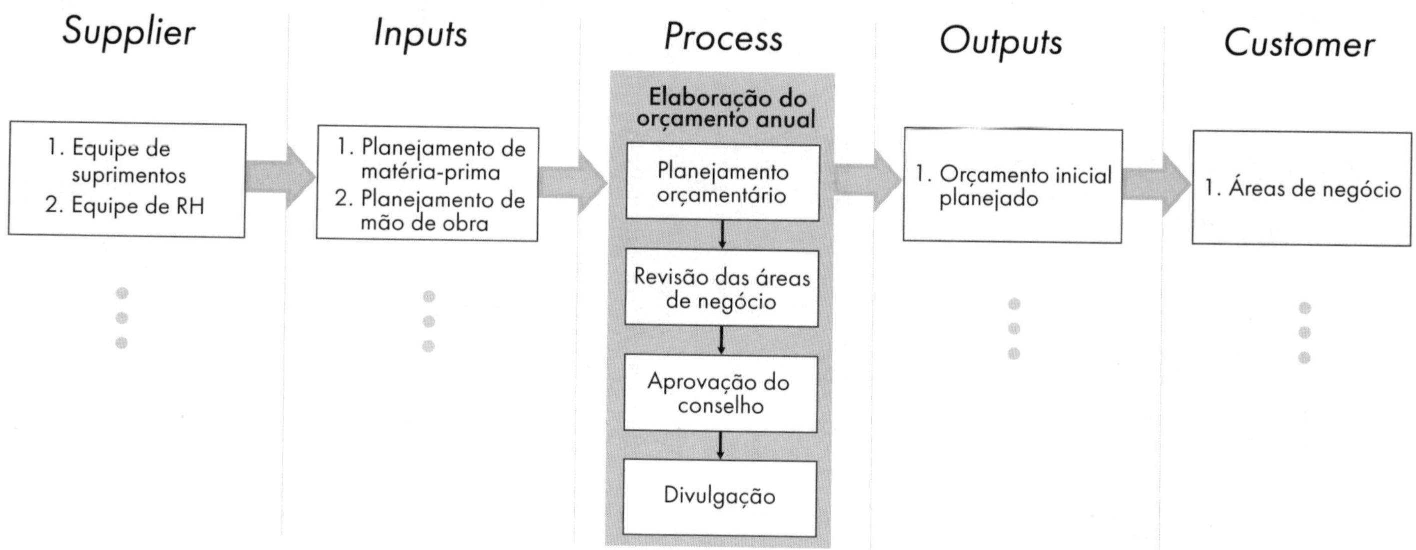

Fonte: Elaboração das autoras.

Já o diagrama de escopo e interface do processo (DEIP), ferramenta de análise que mais indicamos, além de trazer essa visão de fornecedor × *input* e *output* × cliente, enriquece o mapeamento trazendo elementos que suportam e regulamentam o processo, também essenciais para uma execução com excelência. Outro fator que corrobora a recomendação do DEIP é a reflexão realizada sobre cada interface, em que avaliamos se ela atende ou não o processo no cenário atual.

No centro do diagrama, representamos o processo a ser estudado e começamos a listar suas interfaces. Não há uma obrigatoriedade na ordem de preenchimento, mas entendemos que iniciar pelos produtos do processo auxilia na delimitação do seu escopo (dos fins para os meios!). Ter o escopo claramente definido nesse momento é primordial para uma boa condução dos próximos passos. Nem sempre realizar essa delimitação é uma tarefa simples, uma vez que os processos de uma organização interagem entre si.

1º passo: Saída

Quais são os produtos desse processo e para quem são destinados? (Ex.: cadastro de fornecedor criado para gestor de contrato).

2º passo: Entrada

Quais são os insumos para fazer com que esse processo aconteça e quem envia esses insumos? (Ex.: solicitação de criação de cadastro de fornecedor enviado pelo gestor de contrato).

3º passo: Suporte

Quais são os sistemas que utilizamos durante a execução do processo e com qual fim? Quais empresas terceiras ou mesmo outras áreas internas nos auxiliam na execução do processo e como? (Ex.: análise de crédito executada pela empresa terceira X).

4º passo: Regulamentações

Quais são as políticas/normas da empresa, leis governamentais ou regras de mercado que norteiam o processo e qual a origem? (Ex.: política de gestão de fornecedores instituída pela diretoria de Compras).

Figura 16 – DEIP (exemplo)

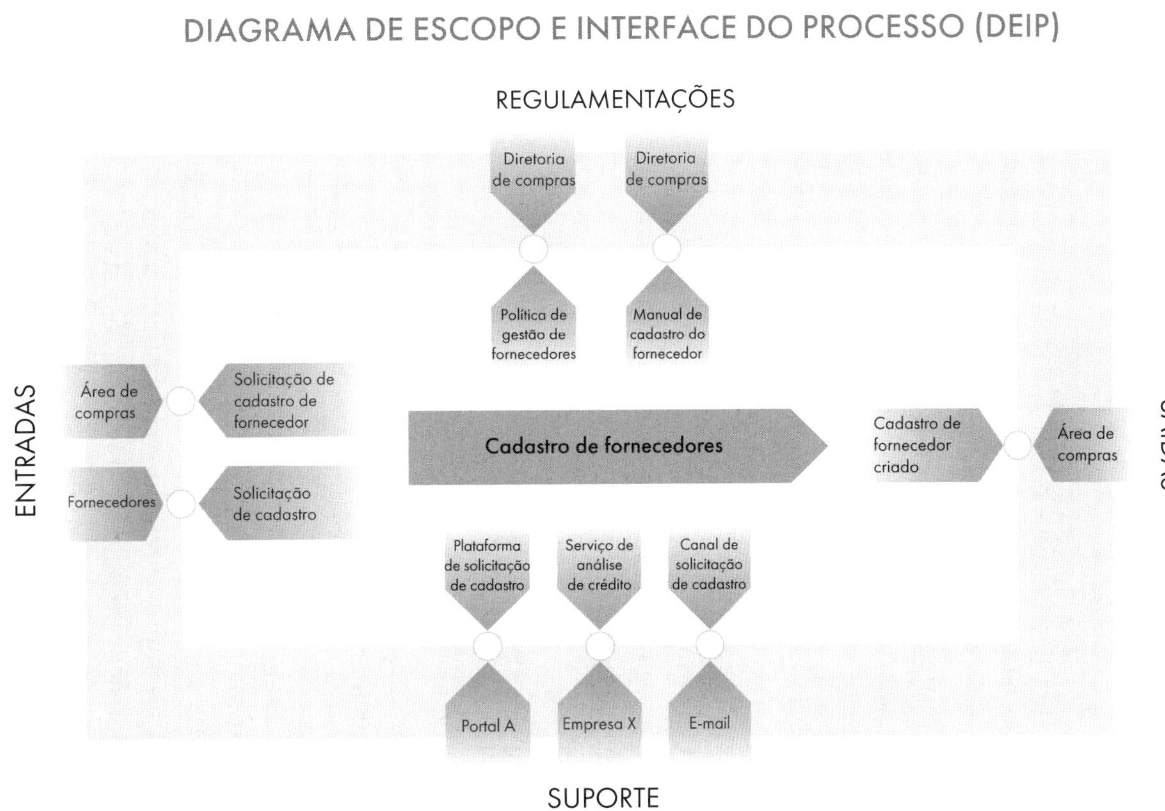

Fonte: Elaboração das autoras.

Depois de listadas todas as interfaces (naturalmente uma ou outra pode ser lembrada posteriormente), voltamos para discutir a qualidade de cada uma delas. A seguir, algumas perguntas que podem direcionar essa discussão.

1º passo: Saída

A entrega descrita é realizada dentro do prazo combinado? Ou mesmo: não tem prazo acordado com o cliente? Essa entrega agrega algum valor? O cliente atual ainda demanda este produto ou serviço?

A última pergunta é muito válida principalmente dentro de processos de suporte. Já presenciamos vários casos de produtos/serviços que foram demandados no passado por alguma área ou unidade de negócio, mas que atualmente não são mais utilizadas.

2º passo: Entrada

O insumo listado chega conforme combinado, no prazo acordado e com as informações necessárias para dar seguimento ao processo?

3º passo: Suporte

Temos dificuldade de disponibilidade do sistema listado? A área de apoio ou empresas terceirizadas cumprem o SLA para entregarmos no prazo? Os colaboradores que atuam como suporte são capacitados tecnicamente ou nos padrões?

4º passo: Regulamentações

Estamos cumprindo as normas e políticas em sua totalidade? A política está atualizada e disponível para todos? Há alguma restrição imposta pelos instrumentos normativos que impacta na eficiência e qualidade dos produtos/serviços?

À medida que a equipe de trabalho for chegando às suas conclusões, vamos sinalizando no diagrama as interfaces que estão conformes, ou seja, que não possuem nenhum tipo de problema atrelado; e aquelas que não estão conformes (numerar cada interface facilita a rastreabilidade das informações mapeadas!).

Figura 17 – DEIP com classificação das desconexões (exemplo)

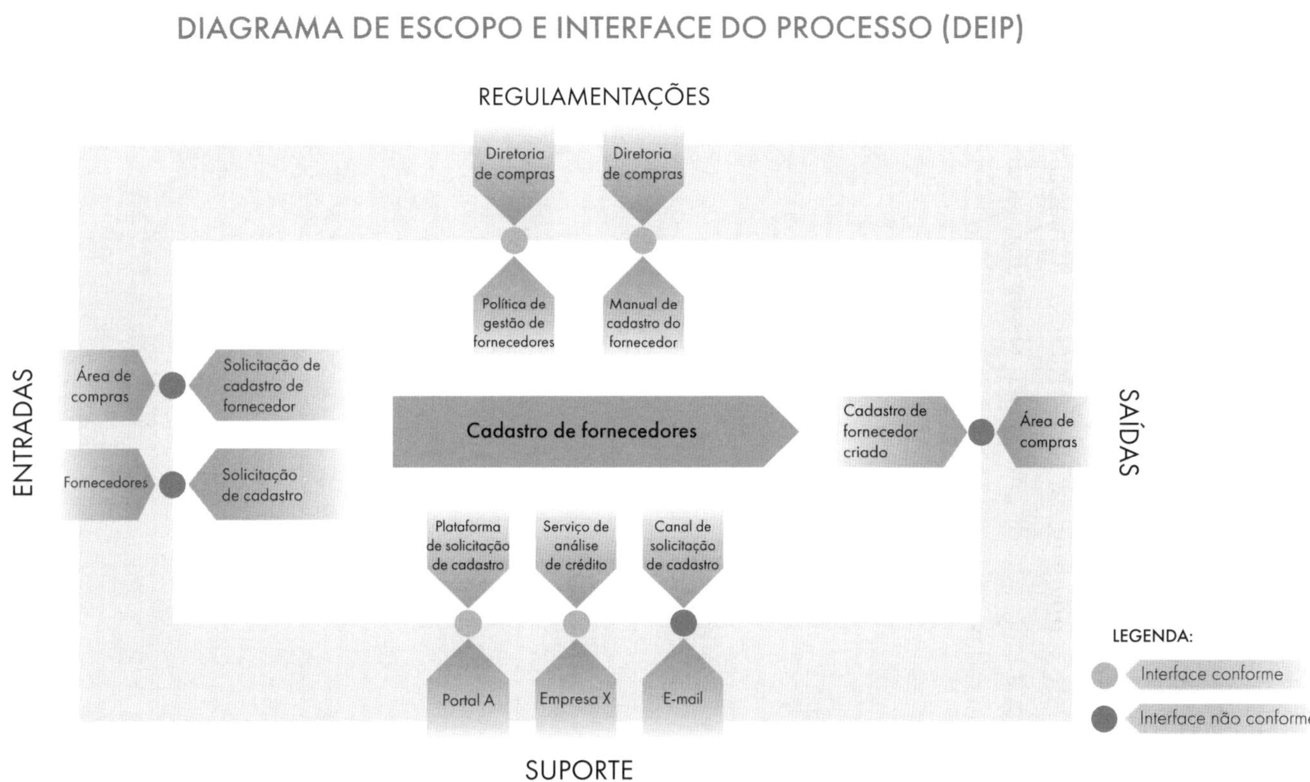

Fonte: Elaboração das autoras.

Sempre que uma interface for identificada como não conforme, devemos registrar qual o problema relacionado com o máximo de detalhes possível e evidências objetivas. Para isso, é importante criar uma tabela que irá acompanhar todo o mapeamento do AS IS (situação atual), consolidando os problemas encontrados nas etapas do estudo. Por aqui, a chamamos de tabela de desconexões.

Uma desconexão é um problema/dificuldade que impede que o processo tenha fluidez. Nesse estágio do mapeamento, em que estamos tratando de uma visão sistêmica, as desconexões são encontradas nas interfaces com o processo estudado.

Quadro 5 – Tabela de desconexão (exemplo)

#	Fonte de desconexão	Tipo de interface	Item da interface	Agente da interface	Desconexão
1	DEIP	Saída	Cadastro de fornecedor criado	Área de compras	60% dos cadastros de fornecedores criados estão fora do SLA acordado de 2 dias úteis.
2	DEIP	Entrada	Solicitação de cadastro de fornecedor	Área de compras	38% das solicitações de cadastro do fornecedor realizadas pela área de compras não vêm com as informações completas.
3	DEIP	Entrada	Solicitação de cadastro	Fornecedores	Time de cadastro recebe solicitações de fornecedores que desejam realizar negócios com a empresa sem acordo prévio firmado.
4	DEIP	Suporte	Canal de solicitação de cadastro	E-mail	Time de cadastro recebe solicitações via e-mail, mesmo com a criação do portal de solicitação, dificultando a gestão da demanda diária.

Fonte: Elaboração das autoras.

Campos sugeridos para uma tabela de desconexões:

- Macroprocesso (opcional).
- Processo (obrigatório).
- Fonte da desconexão (obrigatório) – por enquanto será somente o DEIP, mas futuramente teremos fluxograma, indicadores, rituais de gestão, força de trabalho empregada (*full-time equivalent* – FTE).
- Número da interface (opcional) – especificamente para o DEIP, para trazer o número da interface sinalizada no diagrama.
- Descrição do insumo/produto/suporte/regulamentação (obrigatório) – "o que" do DEIP.
- Agente de interface (obrigatório) – "quem" do DEIP.
- Problema relatado (obrigatório) – descrição do problema associado àquela interface do DEIP (ou atividade do fluxograma, por exemplo).
- Risco envolvido (opcional) – caso exista algum risco atrelado ao problema relatado, sinalizamos nesta coluna.
- Evidência (opcional) – para evitarmos sermos levados por vieses, é importante buscarmos evidência de todos os problemas relatados, principalmente quando não há consenso entre as partes envolvidas. Se essa evidência for estruturada e de forma quantitativa, via medição de SLA ou indicador, melhor. Do contrário, deve-se avaliar medir, ainda que de forma amostral.

O time de projeto do Grupo Construir optou por utilizar o DEIP como primeiro passo do entendimento da situação atual. Como boa prática, fizeram um *pre-work* estudando as documentações que já existiam (como manuais, instruções de trabalho e políticas) para começarem a se inserir no assunto e iniciaram o preenchimento do DEIP ainda sem as classificações das interfaces. Esse exercício prévio à primeira reunião do DEIP agiliza o entendimento dos participantes da reunião por já trazer exemplos de interfaces.

Além do DEIP previamente elaborado, as equipes estruturaram a tabela de desconexões para ser preenchida no dia da reunião e combinaram entre eles quem seria responsável por puxar a reunião e alimentar os materiais (DEIP e tabela).

Feito isso, começaram a definir quem das áreas de negócio deveriam participar das reuniões, organizar as agendas e definir a comunicação para a convocação.

Saiba mais

Para a elaboração do DEIP, é importante contarmos com a presença não só dos principais executores do processo, como também dos principais clientes. Quando o DEIP é construído somente pela perspectiva interna ao processo, pode ser que ele fique com todas as entradas não conformes e todas as saídas conformes. Isso não acontece por má-fé(!), mas pela visão de silo que comumente encontramos nas empresas. A falta de visão processual leva as áreas a buscarem o seu melhor muitas vezes sem pensar no todo (concluindo que só recebe bola quadrada e consegue fazer milagre para entregar com excelência).

4.2 O PASSO A PASSO DO PROCESSO

Finalizadas as discussões da visão sistêmica do processo, o próximo passo é dar um mergulho maior no entendimento do processo estudado através da visualização da sequência lógica de realização das atividades.

Podemos avançar nessa etapa de duas formas: uma mais "analógica", também chamada de tradicional, ou através de abordagens mais digitais, como a técnica de *process mining*.

4.2.1 Abordagem "analógica" (ou tradicional)

Nessa abordagem, a visualização da sequência lógica de execução das atividades é realizada pela construção dos fluxogramas ou mapas de atividades. Esse exercício pode ser conduzido através de:

- Reunião de trabalho que reúne alguns dos principais colaboradores que executam o processo, e na qual é realizada uma entrevista para mapeamento das atividades executadas, respectivos responsáveis, sistemas envolvidos e oportunidades de melhorias.
- Formato sombra, mais recomendado por nós, em que a pessoa externa ao processo acompanha a rotina dos executores observando e registrando em formato de fluxo ou mapa de atividades aquilo que observa. Acompanhar de perto o processo assegura um melhor entendimento e permite conhecer as dificuldades que estão além do fluxo de atividades, por exemplo, interrupções para atendimento a dúvidas dos colegas de trabalho ou de clientes internos/externos, lentidão ou erros no sistema, entre outros.

Para definir o melhor formato para a sua empresa, deve-se avaliar quanto tempo e pessoal deseja dedicar para esse fim. Objetivamente, a função desse mapeamento do fluxo de trabalho que compõe o processo é o levantamento dos principais problemas e pontos críticos relacionados. Alguns exemplos:

- Tarefas críticas: tarefas com elevado número de executantes, histórico de anomalias, impacto no resultado do processo, risco ao homem e ao meio ambiente, ou seja, aquelas que impactam em uma das cinco dimensões da qualidade:

  - qualidade;
  - entrega;
  - custo;
  - moral do time;
  - segurança (saúde e meio ambiente, inclusive).

- *Handoffs*: do inglês, significa passagem de bastão. Existe muito vai e volta entre áreas durante o processo?
- Exceções: existem muitos tipos e volumes de exceções? O tratamento dessas exceções está bem definido?
- Gargalos: existe alguma atividade específica que limita o volume de produção final? E o prazo de entrega? Qual a origem desse gargalo?
- Pessoas: quais são as funções dos executores? Quantas pessoas estão envolvidas na execução do processo? As equipes possuem conhecimento técnico suficiente para a execução do processo? Eles possuem visão sistêmica (compreendem o impacto do seu trabalho na cadeia como um todo)?
- Disfunções: ainda sobre pessoas, existem colaboradores executando atividades que não deveriam? A disfunção pode acontecer de forma:

  - Vertical: quando analisamos a hierarquia e identificamos um cargo de gestão executando atividades operacionais para suprir a equipe, por exemplo.
  - Horizontal: quando identificamos uma área realizando atividades que deveriam ser realizadas por outra área, ainda que estejam no mesmo nível hierárquico.
  - Situação normal × anomalias: quando identificamos dedicação maior das pessoas em demandas que desviam da normalidade, ou seja, foco nas atividades que representam "incêndios".

- Manualidade: existem atividades manuais passíveis de automatização, como preenchimento de informações que já existem em alguma base de dados, por exemplo? Ou mesmo movimentos repetitivos em telas/sistemas diferentes que poderiam utilizar RPA.
- Redundância: existe alguma atividade sendo executada sem necessidade? Isso pode acontecer devido à falta de avaliação crítica sobre atividades que em algum momento foram necessárias, mas que não fazem mais sentido. Como exemplo, uma vez presenciamos um colaborador que preenchia e mantinha atualizado o banco de dados de um sistema legado que não era mais utilizado.
- Padronização: existem procedimentos a serem seguidos para a execução das atividades? Eles são seguidos? São de fácil acesso a qualquer momento? Estão atualizados?

Resumindo, a Figura 18 confere o detalhamento do processo.

Figura 18 – Detalhamento do processo

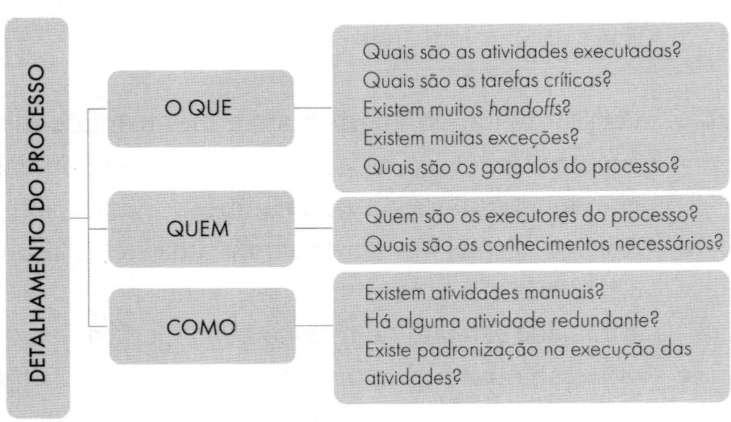

Fonte: Elaboração das autoras.

Visando garantir o sucesso do mapeamento, é primordial que quem esteja mapeando:

- Deixe claro que não se trata de uma auditoria do trabalho, mas sim de um mapeamento que visa entender, de forma analítica, como funciona hoje para juntos buscarem melhoria do dia a dia deles e, consequentemente, melhores resultados para a empresa.
- Dê segurança psicológica para que os envolvidos no processo se sintam à vontade de trazerem os problemas e refletirem o processo como é na prática, e não como se deseja que ele funcione.
- Garanta proximidade com os envolvidos no processo agindo com empatia.
- Garanta o reflexo dos diversos pontos de vista acerca do processo, ou seja, tanto a visão dos executantes como também a dos clientes do processo.

Saiba mais

Durante a etapa de mapeamento, alguns pontos são primordiais:

- Nada é óbvio: as pessoas que estão no dia a dia do processo possuem aquilo no sangue! Ainda mais se estão atuando há muitos anos. É natural que elas vejam algumas atividades como tão óbvias que passem despercebidas durante o mapeamento. O problema é que, uma vez não vistas, não podemos questionar sua forma ou existência e, consequentemente, não melhoramos o processo.
- Só acredito vendo: precisamos garantir fatos e dados, evidências que suportem as conclusões do diagnóstico da situação atual. Comumente vivenciamos situações

nas quais as equipes possuem uma percepção de qual é a sua maior dor, mas quando traduzimos em uma análise quantitativa, identificamos que não é bem assim. As evidências são importantes e devem ser coletadas no intuito de despersonalizar o problema, afinal, o foco deve ser em solucionar problemas e não buscar culpados (e é fundamental reforçar esse *speech* durante todo o mapeamento!).

- Considerando o mapeamento realizado pelos próprios executores, recomendamos que a equipe de projeto avalie o material mapeado e procure compreender o fluxo de seu ponto de vista externo ao processo. Assim, conseguimos reduzir a possibilidade de deixar passar algo entendido como óbvio e as dúvidas geradas contribuem para maior robustez do levantamento do cenário atual.
- Outra possibilidade é o mapeamento elaborado por pessoas externas ao processo, podendo ser a equipe de gestão do projeto de implantação ou uma consultoria. Devido à falta de conhecimento na rotina dos executores, essa figura garante uma riqueza de detalhes maior, uma vez que aquilo não é "óbvio" para ela, além de fazer perguntas que colaboradores inseridos no processo não tinham pensado ainda. Esse é o formato que recomendamos exatamente por gerar maiores questionamentos sobre o *status quo*.

4.2.2 Abordagem digital

Através da técnica de *process mining*, também chamada de mineração de processos, conseguimos obter um raio X em tempo real do processo. Utilizando os dados disponíveis nos softwares e sistemas empresariais, é possível construir uma imagem viva e em movimento dos caminhos reais do processo, mostrando onde as ineficiências se escondem.

Mas você deve estar se perguntando se a abordagem tradicional também não faz isso. A diferença é que, na abordagem tradicional, a representação do fluxo é feita por um grupo de pessoas e de acordo com a experiência delas na execução do processo. É muito difícil conseguir identificar todos os caminhos possíveis e visualizar todas as exceções (ao fluxo mais recorrente) que acontecem no dia a dia. Veja que interessante a Figura 19.

Figura 19 – Processo desenhado × real

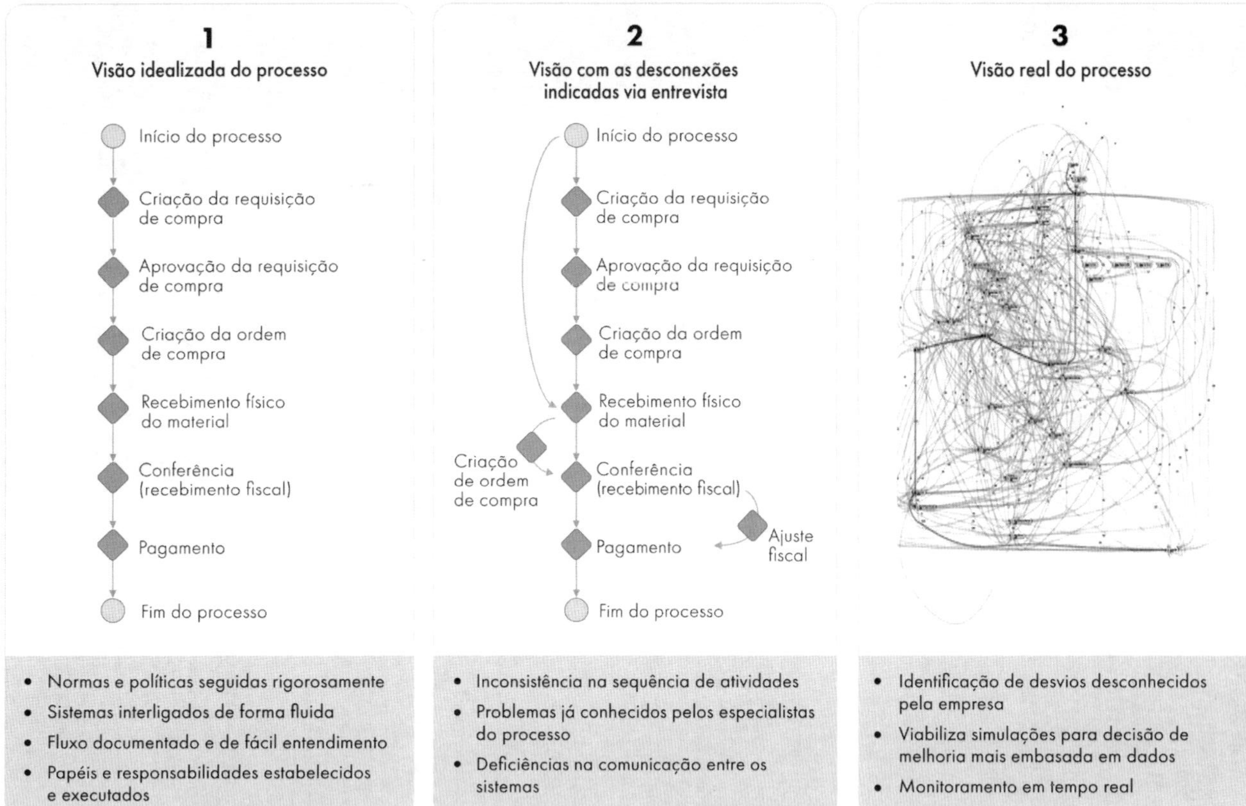

Fonte: Elaboração das autoras.

A Figura 19 compara o fluxo documentado (1) com o fluxo relatado pelos executores em uma abordagem tradicional de mapeamento (2) e com todas as possibilidades de caminhos que o fluxo pode seguir (3). Essa visão completa e quantificável de todos os caminhos possíveis só é possível com a técnica de *process mining*.

Após a etapa de integração dos dados e visualização de como o processo realmente ocorre no dia a dia, seguimos para uma etapa de análise, baseada em dados, em que conseguiremos identificar as principais ineficiências.

Um ponto de atenção para a aplicação de *process mining* é a necessidade de uma "impressão digital" (ou registro de eventos ou tabela de atividades) de cada evento do processo. Esse evento deve ser identificado com um ID único. Para cada ID, devem ser registradas todas as atividades que foram feitas com ele e o registro de data e hora.

Para recapitular as características de cada abordagem, temos um resumo das vantagens e pontos de atenção de cada uma.

Independentemente do formato de mapeamento escolhido, não se esqueça de seguir registrando todos os problemas que encontrarem na tabela de desconexões!

Quadro 6 – Abordagens de mapeamento de processos

	Abordagem tradicional	Abordagem digital
Ferramentas/ Técnicas adotadas	• Fluxogramas. • Mapa de atividades.	• *Process mining*.
Vantagens	• Simplicidade no mapeamento da situação atual. • Não necessita de investimento extra em tecnologia. • Utilização do conhecimento e experiência dos colaboradores das áreas para o mapeamento.	• Mapeamento, em tempo real, do processo e de todos os caminhos possíveis entre o início e término do processo (variabilidade). • Maior confiabilidade do mapeamento, visto que são utilizados os dados do sistema para quantificar a recorrência de cada caminho e o impacto no tempo de ciclo do processo. • Priorização das desconexões e ineficiências a partir do impacto nos resultados-fins do processo. • Dedicação maior de tempo para a análise dos dados *versus* mapeamento das atividades.

(continua)

Quadro 6 – Abordagens de mapeamento de processos (*continuação*)

	Abordagem tradicional	Abordagem digital
Pontos de atenção	• Mobilização de um número significativo de colaboradores para relatar e explicar como o processo funciona. • Inviável representar todos os caminhos possíveis entre o início e o término do processo. • Elevado tempo para mapeamento pode comprometer o tempo na análise de dados. • Mensuração dos tempos e movimentos pode ser subjetiva (percepção do executor) ou trabalhosa (medição por agente externo).	• Necessidade de que o processo seja transitado dentro de algum sistema e que haja uma "impressão digital" de cada etapa do processo. • Necessidade de integração do sistema da empresa com a plataforma de *process mining* ou upload de base de dados. • Necessidade de um profissional com conhecimento na plataforma e em engenharia de dados para conseguir analisar e tirar conclusões a partir dos dados coletados.

Fonte: Elaboração das autoras.

4.3 VISÃO QUANTITATIVA DO PROCESSO

Geni sempre teve um incômodo muito grande pela ausência de indicadores estruturados no grupo Construir como um todo. Desde sempre via referências relatando a importância de trabalhar com dados, mas confessa que nunca dedicaram atenção para esse ponto. Pelo menos até agora.

Para ela era muito claro que era o momento ideal e fundamental para focarem esforços no desenvolvimento desses indicadores, uma vez que os CSCs que visitou para fazer *benchmark*, trabalhavam com metas.

Nesse sentido, ela deu a diretriz para as equipes de trabalho priorizarem a criação desses indicadores e as análises de dados.

Antes de nos aprofundarmos no tema indicadores e metas, é muito importante nivelarmos o conceito de gestão. Como diz o professor Vicente Falconi, gerenciar é essencialmente resolver problemas. De outra forma, podemos dizer que gestão é a capacidade de uma empresa ou de uma área em melhorar ou manter os seus resultados.

Para que possamos melhorar ou manter o patamar atual de resultados, o primeiro passo necessário é conseguir medi-los da forma correta através de indicadores. Indicador é a ferramenta gerencial utilizada para mensurar e traduzir de forma clara e objetiva o resultado de um processo ou de uma área.

Para estruturar um CSC não é diferente. Ter indicadores é primordial e a equipe de projeto pode encontrar diferentes cenários que exigirão variadas formas de atuação.

Figura 20 – Cenários de obtenção de dados e indicadores

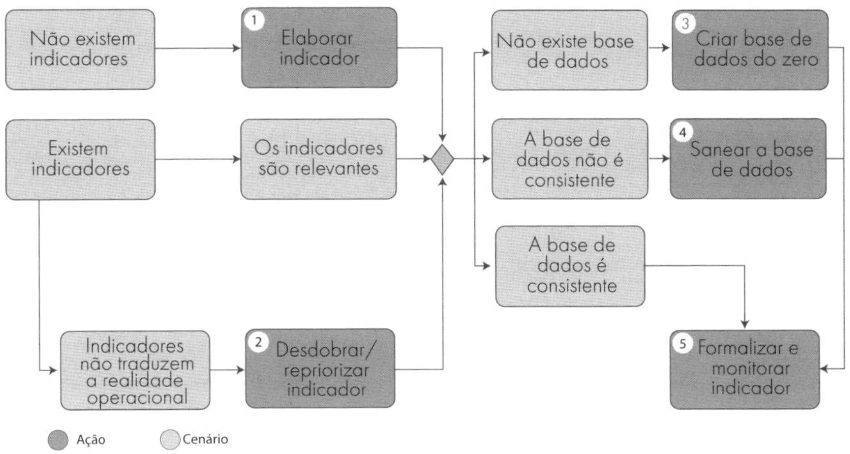

Fonte: Elaboração das autoras.

4.3.1 Elaborar indicador

Uma vez que não há indicadores para monitorar o processo, devemos defini-los. Em qualquer cenário de definição de indicadores, é preciso refletir sobre os principais objetivos/melhorias que gostaríamos de alcançar. Falando em uma implantação de CSC, recomendamos traduzir os principais objetivos que sua empresa almeja com essa estratégia em indicadores.

Quadro 7 – Indicadores e objetivos de um CSC (exemplo)		
Objetivo	Indicador	Comentário
Padronização	% cadastros duplicados	Uma vez que centralizamos a execução do cadastro e padronizamos, conseguimos realizar ações de saneamento para reduzir duplicidades.
Melhoria do atendimento	Nível de satisfação dos clientes	Centralizando a execução do cadastro, a equipe fica focada em uma mesma atividade, ganha agilidade e aprimora o serviço continuamente.
Redução de custo	Custo por atendimento	Com a centralização da execução do cadastro, conseguimos otimizar o uso de recursos.
Fonte: Elaboração das autoras.		

É claro que, tratando-se de um processo, um mesmo objetivo pode ser impactado por diferentes indicadores, como um "efeito colateral". Quando padronizamos, por exemplo, além de diminuir a probabilidade de cadastros duplicados, podemos agilizar o tempo de atendimento conforme se ganha maturidade e conseguimos reduzir custos, uma vez que fazemos mais com menos. Em resumo, a mensagem que fica aqui é: qual indicador traduz de maneira mais direta o nosso objetivo?

Saiba mais

- Não peque pelo excesso! Priorize quais indicadores são realmente relevantes para os seus processos a fim de evitar trabalho desnecessário na sua geração e complicar a tomada de decisão. Entender quais os principais produtos e clientes (o DEIP te apoia nesse momento) ajuda a criar uma base sólida para a definição de indicadores consistentes e eficazes.
- É interessante identificar os indicadores e/ou iniciativas contidas no plano estratégico da empresa que serão impactadas pelo CSC e como eles se desdobram para determinar o que o CSC deve medir.

4.2.2 Desdobrar/repriorizar indicadores

Ter indicadores já demonstra certa maturidade em gestão, mas é essencial mantermos o senso crítico e avaliar se o que estamos nos esforçando para medir realmente é relevante em seu contexto. Caso não seja, devemos repriorizar os indicadores (escolher o que melhor se encaixa!) e, caso não se conecte com a realidade do nível hierárquico que está sendo mensurado, devemos desdobrar os indicadores.

Por exemplo: a área de logística de uma empresa que atua no varejo online possui como indicador o tempo de entrega. Essa empresa entrou no mercado prometendo a entrega mais ágil entre as concorrentes (até então o indicador de tempo de entrega era suficiente para eles de início), mas começou a receber muitas reclamações de clientes que tiveram o seu pedido trocado ou danificado. Para colaborar com a recuperação da imagem da empresa perante o mercado, a logística agiu de forma rápida e estabeleceu um novo indicador, o *On-Time In-Full* (OTIF),[13] que considerava também a qualidade da entrega. A partir daí, estabeleceram uma meta e começaram a monitorá-lo definindo ações de melhoria sempre que necessário.

Outra situação que comumente encontramos em empresas são indicadores estratégicos ou táticos que não são palpáveis para a operação, dificultando o entendimento de papéis e responsabilidades daqueles que estão no dia a dia. Para sanar esse problema, devemos desdobrar o indicador até que ele possa traduzir a realidade da operação e dar autonomia e objetivo para quem estiver na base da hierarquia. Exemplo: um indicador de fidelização de cliente pode não alcançar de maneira direta a operação de um *call center*. Os atendentes precisam ter de forma clara e objetiva como podem contribuir para a fidelização de um cliente. Nesse sentido, podemos desdobrar esse indicador em taxa de resolução e/ou tempo de espera e estipular metas por atendente. Dessa forma, cada agente do processo entende sua contribuição para o todo e fica engajado em buscar os mesmos objetivos da empresa.

4.3.3 Criar base de dados do zero

Não é raro nos depararmos com situações em que não existam nenhuma base de dados ou mesmo registro de dados importantes para suportar análises de processos nas empresas. Na ausência de qualquer informação, é importante gerarmos essa base, ainda que inicialmente de forma manual. Existem "n" maneiras de fazer isso, seja com o auxílio de planilhas, registros em folhas de papel que depois devem ser compilados, formulários na nuvem etc.

A grande questão é que, para criar essa base, devemos ter de forma muito clara o objetivo (o que queremos medir), porque não podemos nos dar ao luxo de considerar o máximo de dados

---

13 O OTIF é um indicador que mede se o item foi entregue no prazo e dentro das especificações esperadas pelo cliente.

possíveis, uma vez que isso demandará esforço e/ou custo de armazenamento de dados.

Além da definição do que será registrado, é importante determinar:

- Quem realizará o registro: cada executor de atividade registrará? Só uma pessoa terá o papel de registrar tudo? É importante avaliar o custo-benefício e refletir sobre o retorno que o indicador trará *versus* o impacto na rotina de quem registrará.
- Onde será registrado: em uma planilha compartilhada na rede? Em um formulário online? Em uma folha de papel que será digitalizada depois? Nem sempre começaremos no melhor dos mundos, mas devemos pensar no formato que menos impacte na rotina de trabalho e que reduza a possibilidade de registros incorretos.

4.3.4 Sanear a base de dados

Quando já existe uma base de dados, é essencial avaliarmos a sua consistência, ainda que o indicador já exista e seja calculado. A equipe de gestão deve contribuir nesse momento instigando o time a questionar:

- Como os registros são feitos? É de forma manual ou automática?
- Há sobreposição de registros? Um mesmo campo armazena o último registro imputado?
- Qual a estrutura da base? É uma base de dados com histórico ou somente a fotografia do momento?
- Quando o indicador já é calculado: essa base é trabalhada antes de calcular? São realizados muitos filtros de forma manual antes de gerar o indicador? Esses filtros fazem sentido?

- Existem duplicidades de registro na base?
- Existem *outliers*? Devemos excluí-los da análise?

4.3.5 Monitorar

Finalizadas as tratativas das bases de dados, estruturamos um processo (no mínimo mensal) de apuração dos indicadores para garantirmos um histórico que servirá de base para definição das metas do CSC. Até lá, essas informações são valiosas para compreendermos melhor o processo e identificarmos desconexões.

4.4 ANÁLISE DE PRODUTIVIDADE

Agora que tinha muitos dados em mãos e com os indicadores estruturados, Geni encomendou um estudo para cada frente de trabalho, comparando a produtividade entre os processos suporte das filiais do Brasil. Ela tinha consciência de que os processos das empresas eram muito diferentes entre si e, por não ter investido recursos para padronizá-los, acreditava que essa análise poderia induzir a questionamentos sobre a forma de fazer atual.

Algumas perguntas que Geni gostaria de responder:

- Será que as volumetrias por colaborador são muito diferentes entre as filiais?
- Será que as volumetrias são impactadas por negócio?
- Será possível identificar oportunidades de *benchmark* interno ao invés de buscar no mercado, pelo menos no curto prazo?

Questionar os números contribui, e muito, para o entendimento do processo e, inclusive, de suas interfaces. Uma análise de produtividade visa quantificar a produção das principais entregas do processo por colaborador/executor ou por células de trabalho com a finalidade de identificar oportunidades de melhoria.

Vamos utilizar como exemplo o levantamento amostral feito pela equipe do Grupo Construir (lembrando que os números são fictícios!) sobre o processo de recebimento fiscal nas três maiores filiais do grupo (Gráfico 3).

Gráfico 3 – Análise de produtividade por filial (exemplo)

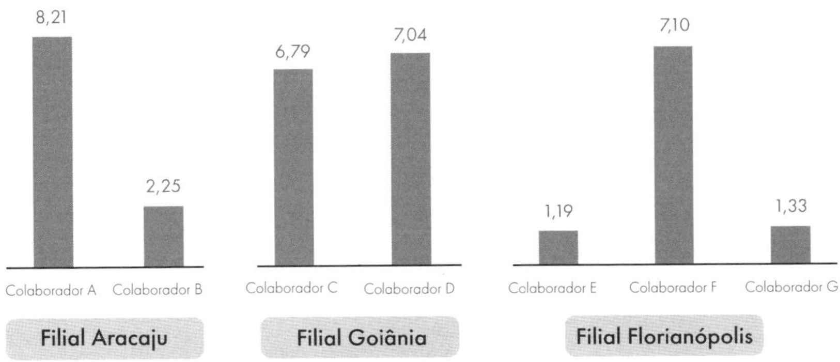

Fonte: Elaboração das autoras.

Ao se deparar com esse gráfico, a equipe se perguntou:

- Será que são comparáveis?
- Será que os processos tratados por esses colaboradores são semelhantes?
- O volume a receber estava distribuído igualitariamente?

Na própria base de dados conseguiram observar o primeiro fator de diferenciação: os colaboradores B, E e G realizavam os recebimentos somente do negócio de pisos e revestimentos e os demais escrituravam as notas do negócio de cimentos.

Gráfico 4 – Análise de produtividade segmentada (exemplo)

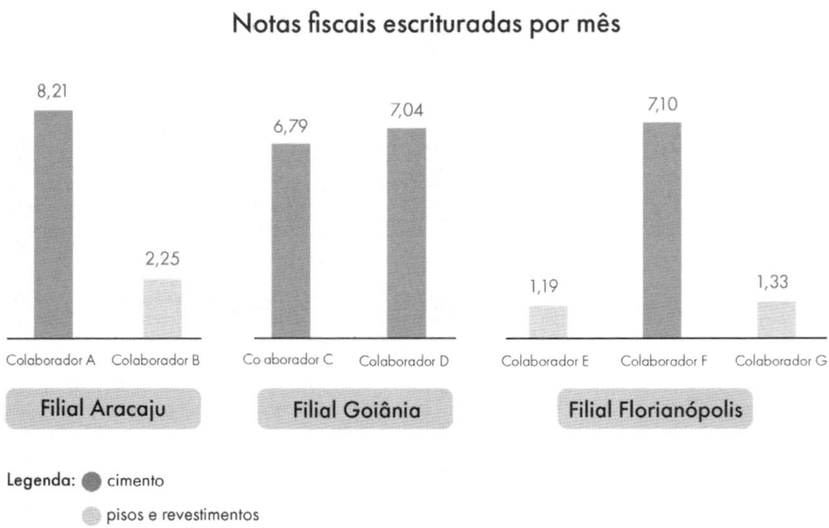

Fonte: Elaboração das autoras.

"Mas será que o fato de ser cimento ou piso pesava tanto sobre a diferença de produtividade?", questionava a equipe. Para entender melhor, dividiram-se e foram pessoalmente acompanhar a rotina desses colaboradores, trazendo novas informações:

- Aracaju, filial que se destacava pelo volume de notas escrituradas por colaborador, tinha desenvolvido por conta própria um robô que conseguia copiar os campos da nota fiscal para o sistema sem atuação manual.
- Na filial de Goiânia, que trabalhava somente com a linha de cimentos, o processo era moroso porque, para cada nota que registravam manualmente no sistema, abasteciam

um controle paralelo em planilha para garantir o acompanhamento no Contas a Pagar. Em algum momento do passado houve um problema no sistema (que ninguém nem lembrava mais do que se tratava), e o controle se manteve sem avaliar sua real necessidade.

- Na filial de Florianópolis, o processo era manual, mas não realizavam nenhum controle paralelo do que havia sido escriturado.
- O fluxo de recebimento fiscal de pisos e revestimentos era muito mais trabalhoso que o de cimento. Isso porque, quando o Grupo Construir adquiriu a empresa de pisos e revestimentos, não havia processo de compras estruturado e em sistema (e continuou sem ter), dificultando a cadeia de processos até o pagamento. Os colaboradores precisam conferir manualmente se aquela compra foi realmente efetuada e, como muita informação se perde, alguns casos demoram mais que o normal para serem solucionados.

Os resultados do estudo só reforçaram para Geni e para o time a importância de trabalhar com dados. Mesmo que ela tivesse algumas suposições baseadas em sua experiência, seguiu no caminho da análise para assegurar que tomaria decisões mais assertivas e para sustentar a criação da cultura *data driven* que estava desenvolvendo no Grupo Construir.

4.5 CUSTO ATUAL DO PROCESSO

Como parte do estudo da situação atual, pode ser interessante calcular o custo do processo para que possamos fazer análise de custo-benefício do redesenho, mensurar ganhos e calcular o *payback* da implantação do CSC.

Para chegarmos ao custo do processo, devemos somar os custos de pessoas, materiais, serviços e sistemas, com alguns pontos de atenção:

4.5.1 Pessoas

Certifique-se de que o custo considerado em pessoas está refletindo somente o processo mapeado. Isso porque uma mesma pessoa pode atuar em mais de um processo e, dessa forma, devemos considerar o percentual dedicado ao processo objeto de estudo.

Para viabilizar a estimativa de tempo e custo envolvidos no processo, a técnica de FTE é recomendada. Para o levantamento do FTE, os colaboradores envolvidos no processo devem preencher uma planilha/formulário com as atividades desempenhadas, frequência de realização e tempo dedicado a cada uma delas.

De forma didática, se um colaborador fica focado 25% (0,25 FTE) do tempo dele no processo de fechamento contábil, e outro colaborador dedica 30% (0,30 FTE) ao mesmo processo, significa dizer que o fechamento contábil exige 0,55 FTE (0,25 + 0,30).

O Quadro 8 representa a consolidação desse levantamento para um exemplo do processo "Gerir capital humano".

Quadro 8 – Levantamento de FTE (exemplo)						
Empresa	A	B	C	D	E	Total
Total de pessoas envolvidas	31	18	7	3	2	59
Custo total (ano) (em R$ MM)	6,30	2,80	1,01	0,36	0,23	**10,7**
Total FTE	22,39	13,60	6,05	0,96	1,01	**44,01**
Recrutamento e seleção	5,05	1,65	1,33	0,05	0,03	**8,11**
Desenvolvimento	4,10	2,40	0,39	0,08	0,17	**7,14**
Adm. de pessoal	2,23	0,95	2,64	0,13	0,51	**6,46**
Estratégia de RH	1,40	2,00	0,32	0,08	0,12	**3,92**
Clima organizacional	1,40	1,65	0,31	0,11	-	**3,47**
Desempenho	1,00	1,75	0,20	0,36	-	**3,31**
Estr. de remun. e benef.	1,70	1,35	0,09	0,07	0,05-	**3,26**
People Analytics	1,05	1,35	0,33	0,00	-	**2,73**
Diversidade e inclusão	1,69	-	-	-	-	**1,69**
Business partner	1,50	-	-	-	-	**1,50**
Saúde e segurança	0,55	0,30	0,34	0,03	0,10	**1,32**
Relações sindicais	0,30	0,20	0,10	0,05	0,03	**0,68**
Gestão da marca empr.	0,42	-	-	-	-	**0,42**
Custo FTE (ano) (em R$ MM)	**4,54**	**2,12**	**0,83**	**0,14**	**0,15**	7,78

Fonte: Elaboração das autoras.

4.5.2 Materiais

Caso o processo mapeado inclua a utilização de materiais, também precisamos considerar esse custo. Se estamos mapeando o processo de gestão de treinamentos, por exemplo, devemos considerar os custos das apostilas físicas de treinamento.

4.5.3 Serviços

Utilizamos algum tipo de serviço terceiro para o processo? Se sim, coloca-se na conta. Pode ser mão de obra terceira contratada para a própria execução do processo ou serviços terceiros adicionais (ainda utilizando a gestão de treinamentos como exemplo, consideramos a contratação de uma empresa especializada em treinamentos de segurança).

4.5.4 Sistemas

Para incluir os custos atrelados aos sistemas que suportam o processo, devemos entender se a cobrança é realizada por transação, por licença etc. A depender do formato, devemos ainda avaliar se esse custo é compartilhado entre outros processos ou exclusivo ao que está sendo mapeado (mesma linha de raciocínio que trouxemos para o tópico de Pessoas).

Figura 21 – Custos do processo

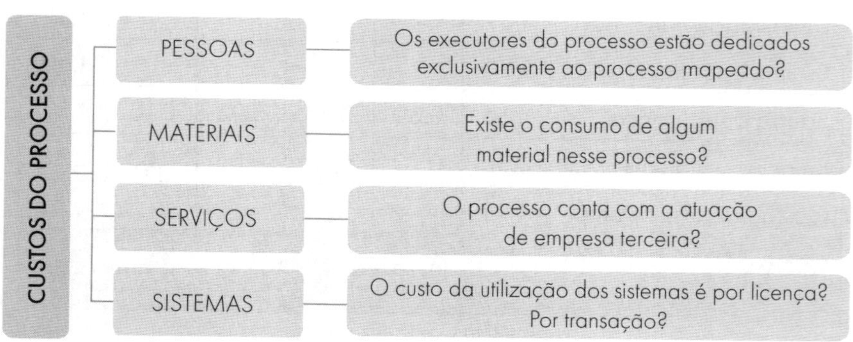

Fonte: Elaboração das autoras.

Tendo o custo total do processo AS IS, podemos calcular o valor do custo por serviço prestado, que pode ser um indicador financeiro inclusive quando implementarmos o CSC. Ter essa visão por serviço elimina a variável de volume e focamos exclusivamente na eficiência da operação.

4.6 CHEGANDO À CAUSA RAIZ

A essa altura, a equipe de projeto do Grupo Construir possui uma lista exaustiva de desconexões e já identificaram boa parte dos fatos geradores desses problemas. Para finalizar o mapeamento, bastava garantir que chegaram às causas raiz das desconexões encontradas, e para isso fizeram novas agendas com os envolvidos no processo.

Existem inúmeras ferramentas que poderiam auxiliar o time a chegar na causa raiz, por exemplo, o método dos 5 porquês e o diagrama de Ishikawa. Como há bastante informação disponível sobre essas ferramentas, não detalharemos nesta obra.

Só gostaríamos de reforçar um ponto importante nessa etapa: identificar a causa raiz nos permite desenvolver ações estruturantes que garantam que o problema não ocorrerá novamente, mas os pontos de atenção dessas ações mais robustas são a complexidade e o tempo de implementação que geralmente possuem. Caberá ao *sponsor* do projeto direcionar para qual caminho a equipe deverá seguir. Esse tipo de decisão, inclusive, deve ser levado para a próxima etapa: a definição das premissas para o redesenho.

Saiba mais

A depender da quantidade de desconexões mapeadas, para finalizarmos as análises de causas raiz e passarmos para o próximo passo, cabe avaliarmos a necessidade de priorizar essas desconexões, seja por impacto financeiro, risco para o negócio ou quaisquer outros critérios objetivos que façam sentido para a sua estratégia.

4.7 DEFINIÇÃO DAS PREMISSAS PARA O REDESENHO

Além das premissas globais de um CSC, conforme apresentamos no Capítulo 2, existem premissas complementares relacionadas aos processos mapeados. Antes de iniciarmos o redesenho, devemos apresentar ao *sponsor* do projeto premissas complementares para o novo desenho.[14] Tal validação é crucial para garantirmos o alinhamento com a estratégia da empresa e o apoio do *sponsor* em algumas decisões que podem ser difíceis de serem tomadas no nível tático.

Enquanto tocamos o mapeamento de um processo, é comum já termos insights do que deve ser feito e das principais dificuldades que provavelmente teremos para o redesenho. Sendo assim, alguns pontos do que podemos considerar para a definição das premissas são:

- Definições de pontos sensíveis entre áreas: quando há apego por parte de alguma área e resistência à mudança, por exemplo.
- Estabelecimento de criação de políticas: como uma política de gestão de consequências.
- Cenários de fusão/aquisição: o novo desenho já deve considerar o cenário após a fusão?
- Grandes projetos/contratações em andamento: teremos a aquisição de um ERP ou outra ferramenta? Já está em andamento a contratação de uma empresa terceira e o redesenho deve contemplar esse cenário?
- Direcionamento em relação às pessoas envolvidas no processo: iremos manter as pessoas ou teremos uma meta de redução de *headcount*, ainda que isso impacte no SLA?

---

14 O *sponsor* do projeto é o patrocinador interno da implantação do CSC. Sua importância e responsabilidades serão abordadas no Capítulo 5.

O ideal é que o time de projeto já leve algumas premissas baseadas no que identificaram de oportunidade e, além disso, o *sponsor* pode acrescentar outros resultados esperados do *TO BE*. A Figura 22 traz um exemplo do processo de "Gerir treinamentos".

Figura 22 – Premissas e diretrizes de redesenho (exemplo)

- Preservar a agilidade dos negócios e capacidade de execução das operações.
- Contemplar a utilização da Plataforma XPTO como centralizadora de chamados.
- Considerar a transição da operação para o Sistema XPTO.
- Considerar a atuação da empresa terceira XPTO com a digitalização dos documentos enviados.
- Gestor da célula de Treinamentos terá autonomia para cancelar acessos e o adicional de periculosidade de colaboradores com treinamento obrigatório pendente.
- A implementação do novo processo não dependerá da mudança de prédio.

Fonte: Elaboração das autoras.

Raio X da situação atual

1 Começar pela visão sistêmica (em que contexto o processo está inserido?)

Fornecedores → Entradas → Processo → Saídas → Clientes

Ferramentas
- SIPOC
- DEIP

Mapear
- Interfaces
- Problemas (desconexões)
- Oportunidades

2 Aprofundamento (passo a passo do processo)

Ferramentas
- Fluxograma
- Mapa de atividades

Mapear
- Tarefas críticas
- *Handoffs*
- Exceções
- Gargalos
- Pessoas (estrutura)
- Disfunções
- Manualidades
- Redundâncias
- Padronização

Abordagem
- Tradicional
  - Reunião de trabalho
  - Formato sombra
- Digital — *Process Mining*

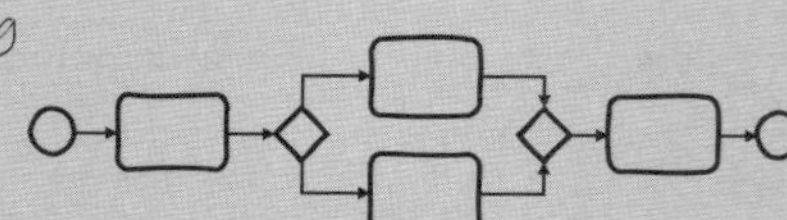

3 Resultados do processo

Análise de indicadores

4 Análise de produtividade

Para multiplicar a melhor forma de fazer!

5 Custo do processo

✓ Força de trabalho empregada (FTE)
✓ Materiais
✓ Serviços
✓ Sistemas

6 Análise de causa raiz

Qual a causa raiz dos problemas que queremos resolver neste processo?

7 Premissas para o redesenho (alguns exemplos)

✓ Criação de políticas
✓ Cenários de fusão/aquisição
✓ Grandes projetos ou contratações em andamento
✓ Priorizar redução de HC ou melhoria de SLA

Capítulo 5

CONCLUINDO O ESTUDO DE VIABILIDADE

Querido leitor, este capítulo marca o fim da primeira fase do projeto de implantação de um CSC – o estudo de viabilidade. Até aqui, acompanhamos Geni na definição de qual seria a melhor estratégia para tornar o Grupo Construir mais eficiente, sem comprometimento da qualidade dos serviços prestados aos seus clientes, sejam eles externos ou internos.

Após ela pesquisar sobre os quatro caminhos possíveis (automação, terceirização, centralização e compartilhamento de serviços através da implantação de um CSC), identificou que esse último seria o melhor caminho para o aumento da eficiência nos custos e manutenção da forte cultura de prestação de serviços com qualidade.

Geni também realizou uma visita de *benchmark* e analisou a situação atual dos processos elegíveis à migração para identificação dos principais gargalos e desconexões que precisarão ser sanados para a captura dos ganhos de eficiência e produtividade.

Este capítulo abordará os temas mais críticos que deverão ser discutidos e definidos antes de partir para a segunda fase do projeto – a implantação do CSC.

5.1 *BUSINESS CASE*

Como qualquer projeto, recomendamos que a aprovação definitiva para a implantação de um CSC esteja condicionada aos resultados de um estudo de viabilidade técnico e financeiro.

A viabilidade técnica refere-se a aspectos já citados anteriormente, como:

- Aplicabilidade do modelo de compartilhamento de serviços de acordo com as características da organização.
- Alinhamento entre a iniciativa de implantação de um CSC e a estratégia de médio e longo prazo da empresa. Como esse novo modelo de gestão contribuirá para o alcance das grandes metas da organização?

- Maturidade e prontidão dos principais gestores para condução das mudanças culturais, estruturais, processuais e de sistemas que um projeto dessa natureza promoverá na empresa.

A análise financeira, na etapa de pré-implantação, precisa levar em consideração os grandes pilares de custo e de investimento conforme detalhado a seguir, mas também referências sobre o potencial de ganho com esse modelo:

- Infraestrutura: locação ou aquisição de um novo espaço; instalação dos mobiliários e equipamentos; serviços adjacentes do novo espaço como segurança, controle de acesso etc. Neste ponto é importante mensurar o custo "líquido", pois a centralização física dos colaboradores do CSC pode disponibilizar espaço nos locais atuais de realização dos processos migrados.
- Tecnologia: investimentos desta natureza são inerentes a qualquer projeto de implantação de um CSC, pois estão diretamente envolvidos na simplificação ou automatização dos fluxos de trabalho que impactarão diretamente no custo da execução das atividades.
- Pessoal: custo de recrutamento e contratação de novos colaboradores; custo e condições para a transferência dos colaboradores atuais – incluindo plano de retenção; treinamento nos novos processos e custo de desligamento.
- Processo: custos relacionados ao mapeamento e redesenho dos processos que serão migrados. Muitas vezes o redesenho é conduzido por uma empresa de consultoria especializada. Caso a sua empresa já possua um escritório de processos ou um núcleo com o mesmo objetivo, é importante avaliar a disponibilidade e mensurar o esforço dos colaboradores para este projeto.

Sobre o potencial de ganho com a implementação de um CSC, listamos as principais alavancas que promovem a redução do custo atual do processo:

- Readequação da quantidade e/ou senioridade dos profissionais envolvidos na execução das atividades.
- Aporte de tecnologia, como automação, digitalização e integração de sistemas.
- Redução ou alteração de contratos.
- Terceirização ou primarização de atividades.
- Criação ou revisão dos padrões de trabalho para garantir padronização e redução de exceção.

O Gráfico 5 apresenta os resultados de pesquisas sobre os patamares de ganhos obtidos com a implementação do CSC. Após 12 meses da implementação, 28% das empresas obtiveram, no mínimo, 10% de redução de *headcount* e 67% das empresas apresentaram uma redução de custo superior a 20%.

Gráfico 5 – Referencial de ganhos obtidos com a implantação de CSC

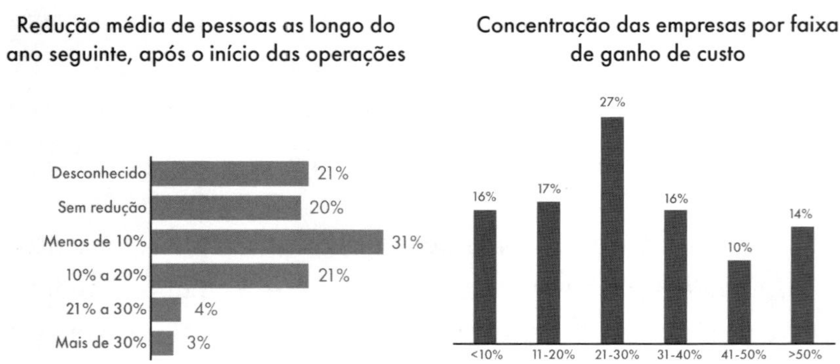

Fonte: Deloitte (2023) e Pesquisa Global Business Service 2017/PWC.

Outras dimensões de ganho precisam ser destacadas, como:

- Melhoria na performance dos indicadores de processos com dimensão financeira, por exemplo: índice de pagamentos atrasados; passivos trabalhistas etc.
- Conformidade, controle e segurança dos processos.
- Melhoria na experiência do cliente interno.

Trazendo uma visão mais ampla do *business case*, podemos avaliar o *payback* do projeto de implantação de um CSC. O *payback* é um indicador financeiro utilizado para calcular o período de retorno do investimento em um projeto. Conforme Pesquisa do Centro de Serviços Compartilhados S-LATAM 2023, realizada por Delloite, a maioria (57%) dos CSCs pesquisados recuperou o investimento entre 1 e 2 anos após o início das operações.

Importante esclarecer que os investimentos e benefícios reais e específicos com a implantação do CSC dependerão do escopo de processos que serão migrados para a nova unidade de negócio, das lacunas de produtividade que forem identificadas na fase de mapeamento da situação atual e também do grau de tecnologia que será aportada para a simplificação e fluidez dos processos.

5.2 GESTÃO DA MUDANÇA

Mudança: qualquer alteração planejada ou não, ocorrida na organização, decorrente de fatores internos e/ou externos, que traz algum impacto nos resultados e/ou nas relações entre as pessoas no trabalho.

É muito importante lembrar que a MUDANÇA não deve ser tratada como um evento, e sim como um PROCESSO, e, dessa forma, ela precisa ser gerida com todos os cuidados e ferramentas adequadas.

No cenário de implantação de um CSC, a frente técnica deve ser executada a partir das boas práticas da disciplina de Gestão de Projetos. Entretanto, um projeto desta natureza impacta diversos colaboradores e, por isso, é fundamental um olhar para a dimensão humana. Neste contexto surge a disciplina de Gestão de Mudanças.

A Gestão de Mudanças orienta como preparamos, equipamos e suportamos as pessoas para adotar as mudanças a fim de impulsionar o sucesso e os resultados organizacionais.

A nossa experiência demonstra que o esforço previsto para o tratamento das resistências à mudança quase sempre é subdimensionado. Nesse sentido, observa-se que os aspectos da cultura organizacional em si não são capazes de inviabilizar a implantação do CSC, no entanto, podem impactar significativamente a sua velocidade e eficácia durante a implementação. Uma gestão de mudança falha ou incipiente pode ocasionar, por exemplo: perda de produtividade, insatisfação de colaboradores, *turnover* de talentos, desvios no prazo e orçamento do projeto, além de impacto tangível no cliente final.

Saiba mais

De acordo com um *report* (Prosci, 2023) especializado sobre o tema, os principais motivos de insucesso dos projetos são:

- Resistência dos funcionários e gerentes.
- *Sponsor* mal definido.
- Barreiras culturais.
- Falta de expertise em Gestão da Mudança.

Quando questionadas sobre o que fariam diferente, as empresas participantes da pesquisa responderam:

- Dedicariam recursos para a gestão da mudança.
- Definiriam um *Sponsor* Executivo desde o início do projeto.
- Repetiriam as mensagens-chave desde o início e frequentemente.
- Envolveriam os funcionários no processo de mudança.
- Criariam uma estratégia de transição com cronogramas mais factíveis.

A partir do conceito de que a mudança organizacional só acontece quando as pessoas mudam, o modelo de mudança individual ADKAR[15] representa os cinco marcos que um indivíduo deve atingir para que a mudança seja alcançada.

Esse modelo permite aos líderes e equipes de gestão de mudança focar os esforços nos pontos que irão impulsionar a

15 Prosci ADKAR® Model, modelo desenvolvido pela Prosci, líder mundial em pesquisa e desenvolvimento de Gestão de Mudanças.

mudança individual e, consequentemente, alcançar os resultados organizacionais coletivamente.

Figura 23 – Modelo de mudança individual ADKAR

A	***AWARENESS*** Consciência da necessidade de mudança
D	***DESIRE*** Desejo de suportar a mudança
K	***KNOWLEDGE*** Conhecimento sobre como mudar
A	***ABILITY*** Habilidade para demonstrar competências e comportamentos
R	***REINFORCEMENT*** Reforço para que não volte a fazer do modo antigo

Para desenvolver a consciência sobre a necessidade da mudança, é importante que algumas perguntas sejam respondidas:

- Por que essa mudança é importante?
- O que acontecerá com a nossa organização/área se não mudarmos?

Sobre o desejo de suportar/participar da mudança, as abordagens de Gestão da Mudança conduzirão reflexões no seguinte sentido:

- Qual é a minha motivação pessoal para passar por este processo?
- Como a mudança impacta nos meus valores e na minha carreira?

No 3º marco, Conhecimento (*Knowledge*), é fundamental que os envolvidos na mudança saibam qual será seu novo papel e os conhecimentos que serão demandados na situação futura. Isso traz segurança aos colaboradores e à organização. Treinamentos, *workshops* e manuais são instrumentos utilizados nesta etapa.

A Habilidade (*Ability*), representada no 4º marco, é a capacidade de colocar os novos conhecimentos em prática no dia a dia do trabalho e, consequentemente, atingir os níveis de performance esperados.

Por fim, é imprescindível que a organização defina um sistema de recompensas (não apenas financeiras) e consequências que reforce o comprometimento dos colaboradores com a mudança.

Enquanto o ADKAR suporta mudanças bem-sucedidas em nível individual, o *framework* da Figura 24, inspirado no *Prosci 3-Phase Process*, fornece uma estrutura para alcançar mudanças no nível organizacional. Essa abordagem auxilia os líderes da mudança a minimizar resistências e solidificar o cenário futuro desejado.

Figura 24 – *Framework* de Gestão da Mudança

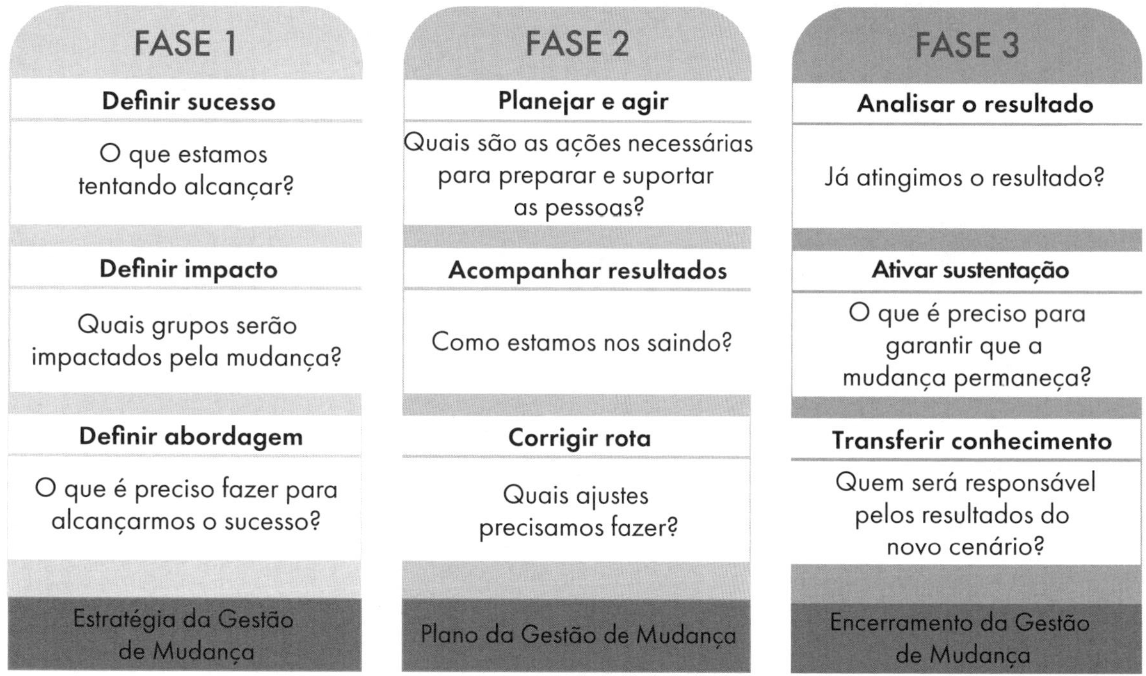

Fonte: Adaptado de *Prosci 3-Phase Process*.

No contexto do Grupo Construir, apesar de Geni ter compartilhado com os principais líderes a tomada de decisão sobre a implantação do CSC, ela tinha três preocupações que precisaram ser contempladas no Plano de Gerenciamento de Mudanças:

1. Baixo comprometimento de alguns gestores em garantir os recursos necessários ao projeto.
   Plano de ação: elaboração de um Plano de Comunicação garantindo que toda a organização e, principalmente, os gestores e colaboradores diretamente envolvidos na mudança compreendam o projeto, os objetivos e impactos dele e o papel de cada um.

2. Preocupação dos clientes internos em relação à queda da qualidade dos serviços durante a fase de transição.
   Plano de ação - implantação faseada: muitas vezes, o impacto na credibilidade do projeto é em função da queda momentânea na qualidade dos serviços. A implantação em "ondas" minimiza a sobrecarga nas equipes, permite correção dos desvios de forma mais rápida e as lições aprendidas podem ser utilizadas nas fases seguintes.
   Plano de ação - implantação de ciclos de treinamento: geralmente, a preocupação sempre é no treinamento dos colaboradores que executarão os serviços no CSC. Mas não devemos esquecer e menosprezar que o cliente também precisa ser treinado nos novos canais de atendimento, nas novas regras e políticas e nos níveis de serviço acordados.

3. Sentimento de desvalorização que os colaboradores que serão direcionados ao CSC podem sentir dada a natureza mais operacional do trabalho e a impressão de limitação no crescimento profissional.
   Plano de ação - desenvolvimento de uma "jornada de crescimento" dos colaboradores do CSC: construir um plano de

carreira específico para o CSC contemplando trilhas de aprendizagem, que combinam as necessidades do CSC com os objetivos e ambições dos colaboradores.

5.3 PLANO DE COMUNICAÇÃO

O Plano de Comunicação representa um conjunto de ações que buscam promover a transferência de informação e conhecimento entre os funcionários de uma empresa. O objetivo é criar um bom ambiente de trabalho e melhorar a relação empresa-colaborador. Esse assunto é tão relevante que um gerente de projeto chega a dedicar até 90% do seu tempo à comunicação (Project Management Institute, 2014).

Durante um projeto de implantação de CSC, a comunicação é essencial para o alinhamento de expectativas, redução de ruídos, engajamento e capacitação de todo um público que vai ser impactado por um novo modelo de operação.

A seguir, detalhamos alguns instrumentos de comunicação que devem ser utilizados:

- ***Kickoff* do projeto:** apresentação realizada no início do projeto com o *sponsor* (patrocinador) e todos os envolvidos diretamente. O objetivo deste fórum é comunicar os resultados esperados com o projeto, cronograma, áreas envolvidas, governança de acompanhamento e papéis e responsabilidades das lideranças e grupos envolvidos. Muitas empresas realizam um *kickoff* mais executivo, com a participação das principais lideranças da empresa, e um *kickoff* mais operacional, com as equipes envolvidas nas funções que serão escopo do projeto.
- ***Workshop* de nivelamento de conhecimento:** este modelo de treinamento tem como objetivo apresentar alguns conceitos básicos que serão recorrentemente abordados

durante as sessões de mapeamento e redesenho de processos. Essa prática, além de ajudar no engajamento das pessoas, também contribui para maior agilidade e objetividade nas reuniões de trabalho.

- **FAQ – Perguntas e Respostas:** guia com as respostas para as principais dúvidas que podem estar "rodeando" os pensamentos dos colaboradores. Esse instrumento deve ficar disponível em uma rede interna da empresa e ser constantemente atualizado à medida que o projeto avança ou que novos riscos ou dúvidas vão sendo identificados. Alguns exemplos de perguntas que devem ser contempladas:
  - O que é um CSC?
  - Quais os benefícios do CSC para a empresa e para os colaboradores?
  - Como foram definidos os processos que serão migrados para o CSC?
  - Quais áreas de apoio e processos serão escopo do projeto?
  - Em qual local/cidade será o CSC?
  - Terei que mudar de cidade caso o meu processo migre para o CSC?
  - Quando saberei se irei permanecer ou deixar a companhia após a implantação do CSC?
  - Como seremos cuidados e recompensados nesse processo?
  - Haverá alteração na função que eu exerço?
  - Haverá treinamentos nos novos processos e sistemas?
  - Como terei acesso a informações sobre a evolução do projeto?
  - Como posso contribuir com o projeto caso eu tenha sugestões?

Em relação a este último ponto, é recomendado que haja um canal oficial de comunicação para que os colaboradores possam enviar dúvidas e sugestões.

- **Boletim CSC:** possui o objetivo de informar periodicamente os avanços do projeto e etapas concluídas, reconhecer os colaboradores que vêm se destacando, reforçar mensagens do *sponsor* do projeto e dar visibilidade sobre o que está por vir.
- **Pílulas de conhecimento:** possui o objetivo de esclarecer e capacitar os colaboradores sobre temas relacionados a CSC e que geralmente geram dúvidas, tais como:
  - Diferença entre CSC e Corporativo ou *Holding*.
  - Diferença entre processos transacionais e colaborativos.
  - Atributos do modelo CSC como catálogo de serviços e SLAs.
  - Benefícios da padronização de processos.

Saiba mais

Uma iniciativa que recomendamos é a criação de um nome e uma identidade visual para o projeto de implantação do CSC com o objetivo de comunicar ao público-alvo a ideia, os valores, o propósito e a missão do projeto.

5.4 GOVERNANÇA DO PROJETO

Depois de se aprofundar sobre os temas de Gestão de Mudanças e Plano de Comunicação, Geni teve a certeza de que seria necessário estabelecer uma governança robusta para que a implantação do CSC fosse um projeto de sucesso do Grupo Construir.

De acordo com o Guia PMBOK,[16] literatura que consolida todos os conhecimentos em Gerenciamento de Projetos, a governança habilita as organizações a gerenciar os projetos de forma consistente, maximizando o valor dos resultados e garantindo o alinhamento do mesmo com a estratégia dos negócios. Ela define, por exemplo:

- A estrutura para a tomada de decisão.
- Papéis, responsabilidades e interações de todas as partes interessadas no projeto.
- Organização dos rituais de prestação de contas do projeto.
- Documentações necessárias para cada etapa do projeto.
- Processos e procedimentos para comunicação das informações.
- Critérios e análises para aceitação das entregas, aprovação de mudanças no orçamento, escopo, qualidade e cronograma que estão além da autoridade do gerente de projetos.

Queremos explorar aqui, dentro do contexto de um projeto de implantação de um CSC, como visualizamos as interações entre os agentes envolvidos e a sistemática de controle da evolução do projeto:

---

16 O GUIA PMBOK® (Project Management Body of Knowledge) é um guia de melhores práticas de gerenciamento de projetos. Sua publicação é regularmente revisada pelo Project Management Institute (PMI).

Figura 25 – *Stakeholders* do projeto

Fonte: Elaboração das autoras.

As partes interessadas no projeto incluem todos os membros da equipe do projeto, assim como outros agentes, internos ou externos à organização, que possuem interesse no sucesso dele ou preocupação sobre seus impactos.

Patrocinador: também chamado de *sponsor*, é o principal responsável pelo sucesso do projeto e seu alinhamento com a estratégia da companhia. Ele participa desde a concepção inicial até o encerramento do projeto, atuando como porta-voz para os níveis mais altos da empresa sobre a prioridade dele, e garante a disponibilização de todos os recursos necessários (pessoas, orçamento, tempo de dedicação das equipes) para a execução.

Lá no Grupo Construir, Geni foi a *sponsor* do projeto. Ela fez a abertura do *kickoff* executivo e operacional – reforçando a conexão entre o projeto CSC e a estratégia do grupo. Participou do diagnóstico de prontidão à mudança do Grupo Construir – ferramenta utilizada para avaliar como a empresa lidou com mudanças no passado e definir ações para melhorar as principais lacunas. Quinzenalmente, acompanhava a evolução do cronograma, apoiando o gerente do projeto a mitigar riscos, resistências e destravar atrasos. Adicionalmente, fazia questão de inserir uma mensagem de reforço ou celebração nos boletins mensais.

Gerente do projeto: responsável, em segunda instância, pelo sucesso do projeto. Ele deve garantir sua execução conforme cronograma, escopo e prazo validados com o patrocinador. Precisa administrar as expectativas e possíveis resistências das partes interessadas, gerenciar os riscos do projeto, garantir uma comunicação limpa, fluida e constante.

Saiba mais

A escolha do(a) gerente do projeto é uma etapa crucial. Para a execução desse papel é necessário um(a) profissional que tenha credibilidade dentro da organização e, principalmente, junto aos executivos das unidades de negócio. Precisa ter um histórico reconhecido em condução de grandes projetos e competências, como liderança, negociação para resolução de problemas e conflitos, resiliência, comunicação, agilidade e mentalidade de crescimento.

Equipe multifuncional: recomendamos que a equipe multidisciplinar tenha integrantes com os seguintes papéis:

- Equipe de gestão: execução das rotinas de gerenciamento do projeto (controle de prazo, garantia da alocação dos recursos humanos necessários, documentação das entregas etc.) e suporte metodológico para as atividades de mapeamento e redesenho dos processos.
- Representantes dos futuros clientes do CSC: para garantir uma forte cultura de prestação de serviço, precisamos colocar o cliente no "centro", e a intenção de envolvê-lo no projeto tem como objetivo contemplarmos as especificidades da sua unidade de negócio, alinhar os níveis de serviços desejados e factíveis e os futuros canais de atendimento.
- Donos dos processos: para cada processo elegível de migração, é recomendado nomear o "dono do processo", responsável em primeira instância pelos resultados do processo e pela definição das premissas para o redesenho dele.
- Equipe de execução: equipe responsável pela condução das atividades de mapeamento e redesenho dos processos. Recomendamos a participação de:
  - Executores do processo analisado – colaboradores que executam os fluxos operacionais atuais; esses representantes serão escolhidos dependendo do processo que será estudado.
  - Especialista em TI para estudar possibilidades de automação e digitalização dos processos.
  - Colaborador da equipe de gestão com conhecimento em metodologia e ferramentas de mapeamento e redesenho de processos.

Para o controle do projeto, recomendamos a sistemática de reuniões indicada no Quadro 9.

Quadro 9 – Modelo de sistemática de reuniões

Reunião	Periodicidade	Participantes	Objetivos
Status report	Semanal	Gerente do projeto + equipe de gestão	• Analisar o status das atividades previstas para a semana (concluídas, em andamento e atrasadas). • Definir contramedidas para os atrasos. • Planejar atividades para a próxima semana. • Tratar possíveis riscos envolvendo as partes interessadas.
Comitê CSC	Mensal	Patrocinador + gerente do projeto + responsável das áreas de TI, RH, Jurídico e Comunicação	• Analisar os desvios do cronograma e necessidades de replanejamentos. • Validar as tratativas mais críticas em relação aos desvios de prazo. • Validação das ações para mitigação dos riscos mapeados no período. • Avaliar interfaces dos temas tecnologia, pessoas, legislação. • Analisar os avanços do Plano de Gerenciamento de Mudanças. • Validar as ações de comunicação para o próximo período.

(continua)

Quadro 9 – Modelo de sistemática de reuniões (*continuação*)

Reunião	Periodicidade	Participantes	Objetivos
CSC Day	Bimestral	Patrocinador + gerente do projeto + executivos das unidades de negócio + responsável das áreas de TI, RH, Jurídico e Comunicação	• Apresentar as evoluções do Projeto CSC. • Apresentar as ações do Plano de Gerenciamento de Mudanças e de comunicação previstas para o próximo período. • Avaliar os pontos de atenção das unidades de negócio. • Alinhar os próximos passos.

Fonte: Elaboração das autoras.

5.5 LOCALIZAÇÃO FÍSICA DO CSC

A localização física do CSC é um fator muito relevante no quesito financeiro, mas não recomendamos que a escolha seja pautada apenas por essa dimensão.

Locais mais remotos podem apresentar benefícios fiscais (isenção ou redução da alíquota de impostos) e vantagens em relação ao custo da mão de obra e de infraestrutura física. Por outro lado, podem apresentar dificuldades quanto à qualificação e disponibilidade da mão de obra (capacidades técnicas) e de gestores com experiência nos segmentos de negócios da empresa.

Vale destacar que não existe a obrigatoriedade de o CSC ficar sediado em um único local e muito menos de estar localizado no mesmo país ou região da sua sede corporativa e/ou próximo a qualquer unidade de negócio.

No caso de empresas multinacionais, outros pontos precisam ser avaliados para a escolha da melhor localização, por exemplo:

- Situação política e econômica do país selecionado.
- Legislação trabalhista.
- Incentivos governamentais e regulamentação tributária.
- Fuso horário.
- Jornada de trabalho.
- Idioma.

No caso do grupo Construir, as suas unidades de negócio estavam localizadas em diferentes cidades do território nacional, e, para a escolha do local que sediaria o CSC, Geni solicitou aos especialistas da área fiscal e de recursos humanos um levantamento sobre os seguintes quesitos para cada cidade potencial:

- Disponibilidade, custo e qualificação da mão de obra.
- Custos de recrutamento *versus* custos de transferência dos colaboradores atuais.

- Incentivos governamentais para instalação de uma nova empresa.
- Custos operacionais como, por exemplo, aluguel e infraestrutura de telecomunicação.
- Logística e mobilidade urbana.

5.6 ASPECTOS LEGAIS, TRIBUTÁRIOS, FISCAIS E CONTÁBEIS

Este tópico é muito técnico e, por isso, sugerimos que as avaliações pertinentes sejam conduzidas por profissionais especialistas da área jurídica, fiscal e contábil da empresa para a melhor tomada de decisão.

Quando uma organização decide pela implementação de um CSC, uma escolha que precisa ser realizada é sobre a forma de constituição da nova unidade.

Vamos abordar aqui dois modelos que podem ser seguidos. O Quadro 10 sintetiza as características, aplicabilidade e pontos de atenção de cada um.

Quadro 10 – Modelos de constituição de um CSC

Modelo	Características	Indicado para:	Pontos de atenção
Prestação de serviço	• CSC como uma empresa independente. • Identidade jurídica específica (CNPJ).	• CSCs que prestarão serviço (*outsourcing*) para empresas fora do grupo empresarial de origem, ou seja, clientes externos. • CSCs geradores de receita a partir da cobrança real (emissão de nota fiscal) pelos serviços prestados.	• Carga tributária (PIS, Cofins e ISS) inerente à operação de prestação de serviço repassado no custo dos serviços oferecidos. • Aplicação deste modelo para as empresas do grupo resultaria em bitributação; nesse caso, a alternativa seria adotar a cobrança por notas de despesas através de critérios de rateio ou valores específicos por serviço.

(continua)

Quadro 10 – Modelos de constituição de um CSC (*continuação*)

Modelo	Características	Indicado para:	Pontos de atenção
Rateio de despesa	• CSC como uma unidade de negócio ou uma área dentro da estrutura organizacional subordinada à presidência do grupo. Ou • CSC contido na *holding*.	• CSCs com foco em prestação de serviço apenas para clientes internos, ou seja, unidades de negócio do mesmo grupo empresarial. • CSCs que não visam lucro, por isso, não há cobrança real pelo serviço prestado.	• Maior dificuldade na aplicação do conceito de custo por serviço e na conscientização sobre os gastos. • Restrições impostas pela Coordenação no Sistema Tributário da Receita Federal (Cosit) para a utilização deste modelo. • As empresas precisam fazer parte de um mesmo grupo ou ter interesses comuns. • Somente a atividade meio poderá ser rateada. • A cobrança final não deve incluir lucro.

Fonte: Elaboração das autoras.

Dentro do modelo de rateio de despesas, existem duas possibilidades de repasse de custos para os clientes internos:

- Gerencial
  CSC absorve todos os custos provenientes dos serviços prestados e não há repasse real para outras áreas. A prestação de contas ocorre, conforme periodicidade definida, para conscientização da utilização do CSC e análise das áreas mais e menos demandantes.

- Contábil
  CSC transfere todos os custos provenientes dos serviços prestados aos solicitantes, divididos de acordo com os critérios de rateio definido pela empresa. Esse tipo contribui mais efetivamente para a educação do cliente interno. O principal ponto de atenção é a necessidade da formalização dos critérios de rateio e a emissão de pagamento via nota de despesa.

Idealmente, o modelo de repasse de custos deve considerar o nível de consumo de cada cliente perante os serviços ofertados pelo CSC.

5.7 MODELOS ORGANIZACIONAIS

Conforme introduzimos no tópico anterior, sobre o modelo de constituição do CSC, uma decisão que se desdobra dele é a sua posição na estrutura organizacional da empresa. Essa definição pode influenciar também o desempenho e a gestão da nova unidade de negócios.

Existem quatro tipos de modelos organizacionais que empresas com CSC podem adotar. Importante dizer que não existe o certo ou o errado, e sim o modelo mais apropriado ao momento estratégico da empresa. A nossa recomendação é que, além da avaliação dos pontos positivos e pontos de atenção, sejam avaliadas também a cultura da empresa e a credibilidade do futuro gestor do CSC, visto que este último ponto é o mais relevante nos projetos de mudança que tiveram sucesso.

Figura 26 – Modelos de estrutura organizacional de um CSC

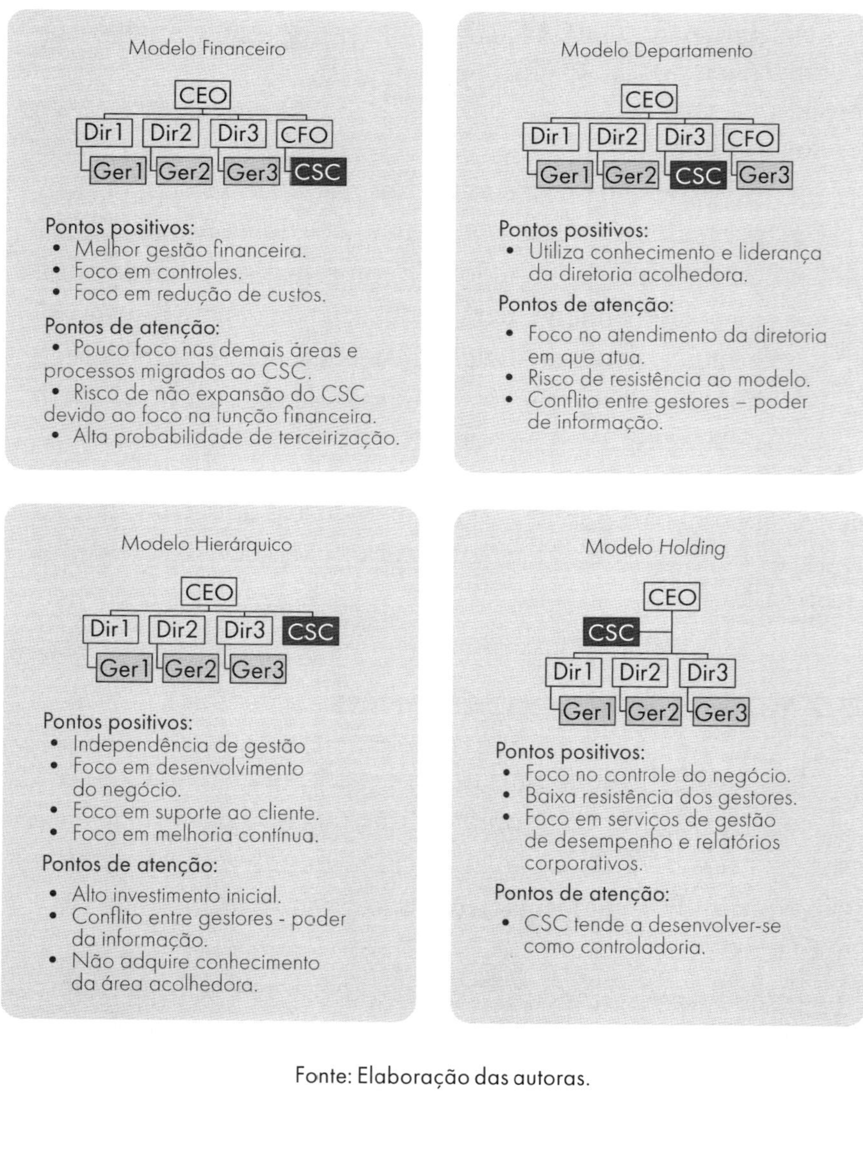

Fonte: Elaboração das autoras.

5.8 ESTRATÉGIA DE IMPLANTAÇÃO

Após a definição dos processos que serão transferidos para o CSC, é importante avaliar como essa migração ocorrerá. Ela pode ser realizada em série, através de "ondas de implementação", ou de maneira direta - também conhecida como estratégia Big Bang, quando os processos são migrados para o CSC de uma única vez.

Pela perspectiva da metodologia ágil, a estratégia de implantação faseada vem ganhando força, pois contribui para um menor tempo de transição e adaptação ao novo modelo, e as dificuldades encontradas na implementação dos processos-piloto servirão como lições aprendidas para os próximos.

Para a escolha dos processos piloto e construção das ondas de implementação, pode-se utilizar a avaliação das seguintes dimensões:

- Nível de padronização do processo atual.
- Sistemas envolvidos, qualidade das integrações e grau de automação das atividades.
- Nível de resistência à mudança da liderança.
- Riscos à operação.
- Ganho potencial e velocidade de captura.
- Número de colaboradores envolvidos.

Importante reforçar que não há certo ou errado. Como tudo no mundo da gestão, a decisão final dependerá da sua estratégia e das características do seu negócio. O que importa é ter esses guias para nortear sua escolha de migração para o CSC e traduzir essas orientações para a sua realidade.

Elaborando o business case (I)

- ✓ Aplicabilidade do modelo
- ✓ Alinhamento com a estratégia
- ✓ Maturidade e predisposição a mudanças

- ✓ Infraestrutura (local, mobiliário)
- ✓ Tecnologia (sistemas, automatizações)
- ✓ Pessoal (contratações e treinamentos)
- ✓ Processo (Mapeamento e redesenho)

- ✓ Readequação/Redução de profissionais
- ✓ Automatizações
- ✓ Redução de contratos
- ✓ Terceirização/ Primarização
- ✓ Revisão dos padrões

Gestão da mudança

Se a mudança ocorre sem um olhar para o **lado "humano" do processo**, pode resultar em **sofrimento organizacional**

Modelo ADKAR

- A Awareness
- D Desire
- K Knowledge
- A Ability
- R Reinforcement

Plano de comunicação

- Kickoff
- Workshops
- FAQ
- Boletim CSC
- Pílulas de conhecimento

Governança

- ✓ Estrutura para tomada de decisão
- ✓ Papéis e responsabilidades
- ✓ Rituais de prestação de contas
- ✓ Documentações
- ✓ Comunicações
- ✓ Critérios e análises para aceitação das entregas

Elaborando o business case (II)

Para definirmos onde o CSC deve se instalar, devemos avaliar:

- Disponibilidade, custo e qualificação da mão de obra
- Custo do recrutamento x custo da transferência dos colaboradores atuais
- Incentivos governamentais
- Custos de aluguel e telecomunicações
- Logística e mobilidade urbana

Quanto aos aspectos legais, tributários, fiscais e contábeis, recomendamos buscar especialistas no assunto!

Mas... já adiantamos alguns possíveis **modelos**

- → Prestação de serviço CSC como uma empresa independente (novo CNPJ)
- → Rateio de despesa CSC como uma unidade de negócio dentro da estrutura organizacional já existente → Gerencial / Contábil

Onde o CSC pode se encaixar na estrutura? Também existem modelos:

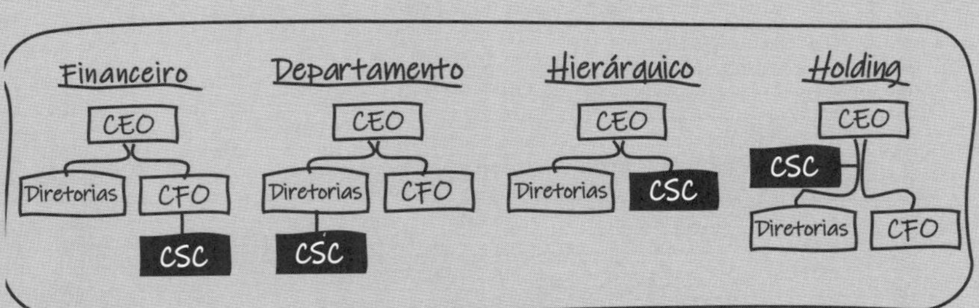

A forma como irá migrar os processos para o CSC, vai depender da sua estratégia de implantação, que poderá ser:

Em série (ondas) | Única (BigBang)

Capítulo 6

CONSTRUINDO AS BASES DO CSC

A partir deste capítulo abordaremos a fase de implantação do CSC. Para facilitar a compreensão desta fase tão importante, vamos desdobrá-la em três momentos:

1. Desenho do *TO BE* – que representa como o processo será executado no futuro na nova unidade de operação.
2. Construção e testes – também conhecida como a etapa de transição.
3. *Go Live* e estabilização da operação.

Neste capítulo abordaremos a etapa de desenho do *TO BE*, que possui duas principais missões:

- Incorporar características tático-operacionais de um CSC, como:
    - Gestão de relacionamento com o cliente: catálogo de serviços e a segregação dos produtos por canal de atendimento.
    - Gestão de desempenho: indicadores e metas bem estabelecidos.
    - Alto grau de aporte de tecnologia nos processos.
- Adequar o processo e suas interfaces eliminando as desconexões encontradas e capturando as oportunidades de melhorias sinalizadas na etapa de mapeamento da situação atual, culminando no dimensionamento futuro do CSC.

Para esse desafio, é superimportante definir um dono de processo, com conhecimento sobre ele, que conduzirá o trabalho executado pela equipe multifuncional, apresentada no Capítulo 5, e que garantirá ao final a elaboração do plano de ação para a transição do processo para o CSC, atendendo às premissas definidas para o redesenho.

6.1 GESTÃO DE RELACIONAMENTO COM O CLIENTE

Considerando o CSC uma unidade prestadora de serviço, precisamos construí-lo buscando proporcionar uma excelente experiência aos clientes, desde o momento de solicitação do serviço, até a transparência sobre as características de todos os serviços oferecidos.

A seguir, compartilhamos alguns passos importantes que precisam ser estruturados.

6.1.1 Implantação de um sistema de atendimento e de gerenciamento de demanda

Esse sistema será a principal interface de solicitação dos serviços. Por meio dele, as áreas clientes poderão acessar os serviços disponíveis e selecionar aquele que mais atende a sua necessidade. Além disso, esse sistema precisa fazer o gerenciamento da demanda através da criação do ticket e o acompanhamento do status das solicitações. É um diferencial se ele disponibilizar relatórios para a gestão dos SLAs, produtividade das equipes e consumo dos serviços. Hoje, no mercado, existem soluções que contemplam *workflows* de aprovação, integração com outros sistemas utilizados pela empresa e ferramentas de chatbot ou RPA.

Além da decisão técnica sobre o melhor sistema para o futuro CSC, o sucesso na implantação dependerá das ações de Gerenciamento de Mudanças, visto que as solicitações precisarão estar concentradas nesta plataforma para a gestão dos tickets e respeito à fila de prioridades, e também de ações de comunicação e treinamento das unidades de negócio na nova ferramenta.

Saiba mais

Como forma de proporcionar uma melhor experiência para os clientes internos, está se tornando tendência a adoção de soluções *omnichannel* para os atendimentos pelo CSC. Assim, os canais de comunicação do Centro de Serviços passam a operar de modo integrado e o cliente pode escolher através de qual meio prefere ser atendido, sem perda de qualidade ou de informação.

Figura 27 – Omnicanalidade no CSC

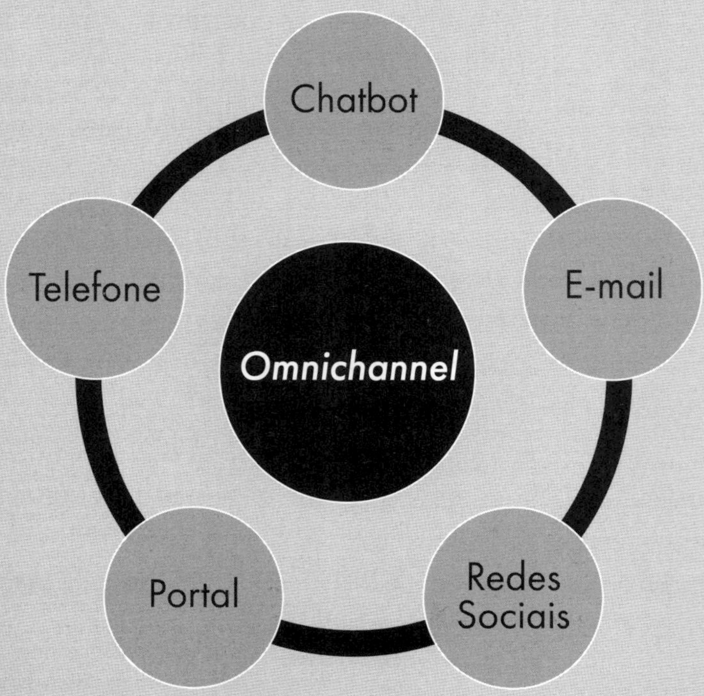

6.1.2 Organização dos serviços por categoria

Esse procedimento facilita a navegabilidade do solicitante no sistema de atendimento. Esse novo modelo de operação precisa ser fluido e intuitivo, minimizando a necessidade de a área solicitante entrar em contato com o CSC por outros canais para sanar dúvidas ou realizar a solicitação do serviço, perdendo rastreabilidade.

Na Figura 28, apresentamos um exemplo ilustrativo de possíveis categorias e subcategorias.

Figura 28 – Categorias de serviços

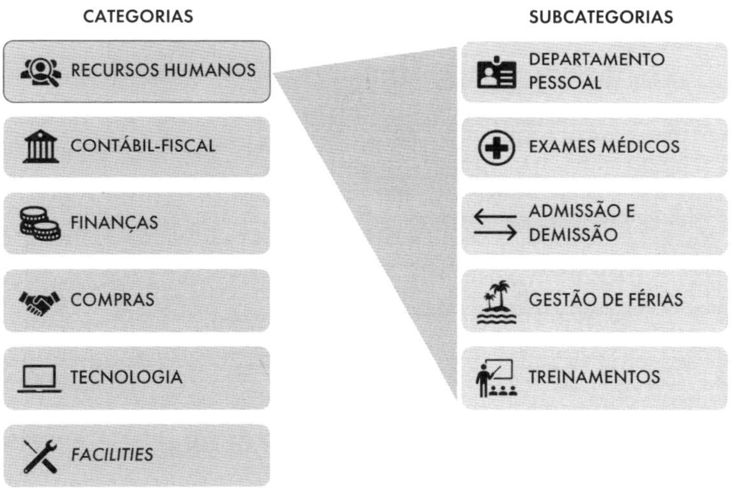

Fonte: Elaboração das autoras.

6.1.3 Classificação dos serviços por níveis de atendimento

O CSC opera, usualmente, com dois tipos de demanda:

- Solicitações ou chamados: demanda pontual a partir da necessidade do cliente. Exemplo: inclusão de novo beneficiário no plano de saúde.

- Produção contínua: rotinas preestabelecidas da área que são executadas independente da solicitação ou abertura de chamado. Exemplo: fechamento da folha de pagamento.

As solicitações ou chamados podem percorrer três diferentes níveis de atendimento, sendo que a complexidade e o perfil da solicitação é o que irá definir qual o nível de atendimento ideal para sua tratativa.

- Nível 0: pode ser caracterizado como "autoatendimento", em que o próprio cliente consegue resolver sua demanda através de uma unidade de resposta audível (URA), chatbot ou um portal web, sem o tratamento por um colaborador do CSC. Os serviços disponibilizados nesse nível possuem baixa complexidade e alto potencial de padronização e automatização. Apesar de serem serviços de baixa complexidade, se apresentarem alta volumetria podem consumir grande quantidade de horas para resolução se não forem convertidos para o nível 0. Essa é uma importante alavanca de otimização de recursos e, consequentemente, ganhos financeiros.
- Nível 1: solicitações tratadas por um colaborador do CSC e que podem demandar um certo grau de integração com o cliente para alinhamento e conclusão da demanda.
- Nível 2: solicitações não resolvidas pelo nível 1 em função da complexidade e necessidade de atuação dos grupos especialistas nas funções existentes no CSC.

No Quadro 11, listamos alguns exemplos de serviços usualmente prestados em cada nível de atendimento.

Quadro 11 – Níveis de atendimento (exemplo)

Categoria de serviços	Subcategoria	Serviço	Nível
Logística	Gestão de frota	Relatório de km rodados por motorista	N0
		Cadastro de motoristas	N0
		Indicação de condutor infrator	N1
		Solicitação de recurso de 1ª instância	N1
		Renovação da documentação da frota	N2
Financeiro	Contas a pagar	Solicitação de adiantamento ao fornecedor	N1
		Verificação do status do adiantamento ao fornecedor	N0
		Comprovantes de pagamento	N0
		Pagamento de fornecedores	N2
	Contas a receber	Esclarecimento de dúvidas	N0
		Alteração da data de vencimento	N1
		Consulta da posição do cliente	N1
Recursos Humanos	Gestão de férias	Marcação de férias	N0
		Alteração ou cancelamento de férias com mais de 30 dias de antecedência	N0
		Alteração ou cancelamento de férias com menos de 30 dias de antecedência	N1

Fonte: Elaboração das autoras.

No caso de um serviço não realizado ou não aprovado pelo cliente, a respectiva solicitação deve ser direcionada ao gestor do CSC e encaminhada para o fluxo de não conformidades em que será analisada e tratada.

O fluxograma da Figura 29 representa o funcionamento de um CSC, partindo da solicitação feita pelo cliente até o final do processo em que a pesquisa de satisfação é preenchida.

Figura 29 – Fluxograma – Funcionamento do CSC

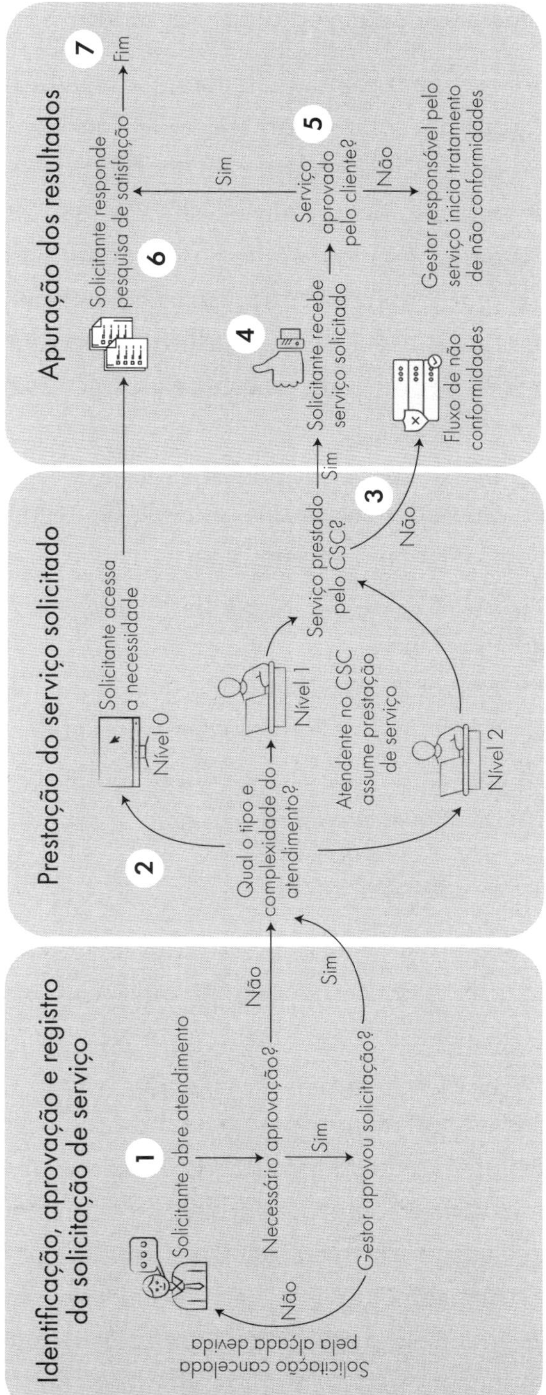

Fonte: Elaboração das autoras.

6.1.4 Implementação de um catálogo de serviço

Quando falamos em compartilhamento é primordial a implantação de uma cultura forte de prestação de serviço. E, para isso, um instrumento utilizado para dar visibilidade aos clientes (unidades de negócio) dos produtos/serviços que serão oferecidos pelo CSC é o chamado catálogo (ou cardápio) de serviços.

Durante o redesenho dos processos, faz-se necessária a definição dos itens a seguir para cada produto/serviço que será disponibilizado pelo CSC e que precisa estar especificado no catálogo:

- Nome do serviço.
- Quem poderá solicitar: unidade de negócio e cargo.
- Nível e canal de atendimento.
- SLA direto: nível de serviço esperado pelo cliente (ex.: prazo).
- SLA reverso: pré-requisitos que o solicitante precisa fornecer ou atender para realizar a solicitação.
- Custo do serviço: dependendo do modelo de precificação que será adotado.

6.1.5 Precificação dos serviços

Antes da implantação de um CSC, dificilmente a unidade de negócio terá uma visão clara do custo envolvido em cada transação, visto que possuía uma área própria para execução dos processos de suporte. Nesse cenário, as empresas mais maduras gerencialmente controlam o orçamento total da área, considerando *headcount*, sistemas específicos e terceiros envolvidos nos processos, mas dificilmente mensuram a produtividade e o custo específico de cada produto ou serviço entregue por ela.

Durante o mapeamento da situação atual, esse exercício pode ser realizado inclusive para servir de referência para o cálculo do ganho financeiro com o compartilhamento de serviços.

Para que a cultura de prestação de serviço seja implantada de forma eficiente e eficaz, é fundamental darmos visibilidade a como os custos foram formados para cada cenário de demanda.

Independentemente do modelo de constituição do CSC e de repasse dos custos às unidades de negócio, abordados no Capítulo 5, a cobrança pelos serviços é um instrumento de conscientização e educação da demanda. E isso é de suma importância, pois as unidades deixarão de ter estruturas próprias dedicadas integralmente a elas para ter uma única estrutura que atenderá a todas e, dessa forma, precisará trabalhar de forma organizada para atender aos níveis de serviços propostos.

A escolha do modelo de precificação pelos serviços prestados pelo CSC precisará levar em consideração o esforço envolvido no levantamento e tratamento das informações necessárias para o cálculo do custo do serviço e a maturidade das unidades de negócio na adoção do modelo escolhido. No Quadro 12, apresentamos quatro possibilidades de modelos de precificação com suas respectivas características e riscos.

Quadro 12 – Modelos de precificação dos serviços

Método de precificação	Funcionamento	Vantagens/características	Riscos
1. Rateio por critério indireto	Estipula-se um parâmetro que será utilizado para dividir o custo total do CSC entre as unidades de negócio. Exemplos de parâmetros: faturamento e número de colaboradores.	• Facilidade de implantação. • Baixo esforço para estruturação e acompanhamento.	• A cobrança não é proporcional ao volume demandado de serviços ao CSC → Não necessariamente a empresa com maior faturamento será a que demandará mais serviços. • Ausência de visibilidade do custo específico de cada serviço, dificultando a identificação dos principais ofensores de produtividade. • Aumento de custos do CSC é repassado de forma proporcional.
2. Rateio por critério direto	Utiliza-se do parâmetro "volume de serviço consumido" por cada unidade de negócio.	• Esforço moderado para estruturação e acompanhamento – necessidade de um sistema de atendimento para gestão da demanda ou um controle paralelo do volume de solicitações por UN. • Cobrança proporcional ao consumo de serviços.	• Ausência de visibilidade de custo específico de cada serviço, dificultando a identificação dos principais ofensores de produtividade. • Aumento de custos do CSC é repassado de forma proporcional. • Variações da demanda (volume de serviços/mês) acarretarão em maiores ou menores cobranças, dificultando a gestão do orçamento por parte das unidades de negócio.

(continua)

Quadro 12 – Modelos de precificação dos serviços (*continuação*)

Método de precificação	Funcionamento	Vantagens/ características	Riscos
3. Precificação por hora	Cobrança real por serviço a partir do HH (homem/hora) despendido para sua execução.	• Alta visibilidade e gestão dos custos. • Preço específico por serviço.	• Esforço alto para implantação: necessidade de sistemas de gestão de demanda com mensuração do tempo por solicitação. • Desvios de produtividade do CSC são repassados ao cliente. • Questionamentos sobre o tempo de execução de cada serviço podem ser contraproducentes.
4. Precificação por serviço	Cobrança real e fixa por serviço.	• Alta visibilidade e gestão dos custos. • Preço específico por serviço.	• Esforço alto para implantação: necessidade de mapeamento das volumetrias e produtividade média de cada serviço e estrutura de custo relacionada (HC, sistemas, terceiros etc.). • Oscilações no volume de serviços executado pode acarretar em meses em que o custo repassado às UNs é menor ou maior que o custo total da estrutura do CSC.

Fonte: Elaboração das autoras.

Usualmente, os métodos 1 e 2 são escolhidos na fase inicial de operação do CSC e muitas vezes como exercício de gestão interna – não repassando para as unidades de negócio a respectiva parcela do custo.

Entretanto, não é raro conhecermos CSCs que mantiveram esses métodos mesmo após a fase de estabilização da operação. Esse cenário é arriscado, pois impacta no amadurecimento do CSC como uma unidade prestadora de serviço e no exercício de educação da demanda. Uma das alavancas que contribuiu para o ganho de eficiência do CSC é a conscientização e priorização, por parte das unidades de negócio, dos serviços demandados a partir da visibilidade do custo atrelado a cada um.

Para isso, é pré-requisito ter a informação do custo do serviço no catálogo, e esse conteúdo deve ser periodicamente atualizado. Para a definição do valor é necessário termos mapeado todos os recursos que serão disponibilizados para a prestação do serviço. Existem duas maneiras de reduzir o custo do serviço prestado: eliminando atividades, através de automatizações ou redesenho do processo, ou adequando a qualificação da mão de obra que executa a atividade atualmente (juniorização).

Quadro 13 – Catálogo de serviços do Fiscal (exemplo)

#	Categoria	Produto/serviço	Canal	Nível de atendimento	SLA	Custo do serviço
1	Fiscal	Registro de nota fiscal	SAP	N1	8 horas úteis	R$
2	Fiscal	Recebimento fiscal de material	SAP	N1	8 horas úteis	R$
3	Fiscal	Emissão de nota fiscal	*Service Manager*	N1	4 horas úteis	R$
4	Fiscal	Orientações fiscais	*Service Manager*	N0	0	N/A
5	Fiscal	Orientações fiscais	*Service Manager*	N2	4 horas úteis	R$
6	Fiscal	Emissão de carta de correção	*Service Manager*	N1	4 horas úteis	R$

Fonte: Elaboração das autoras.

6.2 GESTÃO DE DESEMPENHO: INDICADORES E METAS BEM ESTABELECIDAS

Conforme reforçado nos capítulos anteriores, os CSCs possuem três pilares muito fortes: eficiência dos custos, prestação de serviço com excelência e melhoria contínua. A tradução da eficiência e do nível de serviço em indicadores que deverão ser gerenciados pelo líder do CSC e divulgados para as unidades de negócio é de suma importância para a credibilidade do novo modelo de operação e a implementação da cultura de melhoria contínua.

Na Figura 30 apresentamos uma proposta de árvore de indicadores contemplando quatro dimensões de resultados que precisam ser gerenciadas por um CSC.

Figura 30 – Árvore de indicadores do CSC (exemplo)

Fonte: Elaboração das autoras.

O resultado desses indicadores deve ser avaliado, no mínimo, mensalmente através de uma sistemática de acompanhamento conduzida pelo líder do CSC. Para que esta governança de resultados seja eficaz, os itens da Figura 31 devem ser organizados e comunicados previamente aos envolvidos.

Figura 31 – Elementos da sistemática de acompanhamento

Fonte: Elaboração das autoras.

Após 6 meses de medição, é recomendada a definição de metas para cada um dos indicadores.

Saiba mais

O indicador *Net Promoter Score* (NPS) é um dos principais indicadores-chave de desempenho (*key performance indicators* – KPIs) utilizados para medir a satisfação dos clientes. Ele é baseado em uma simples pergunta, facilitando o retorno do cliente: "Em uma escala de 0 a 10, o quanto você recomendaria este canal de atendimento para um amigo ou colega?".

Dependendo da nota, o cliente é classificado como detrator, neutro ou promotor.

Figura 32 – Indicador NPS

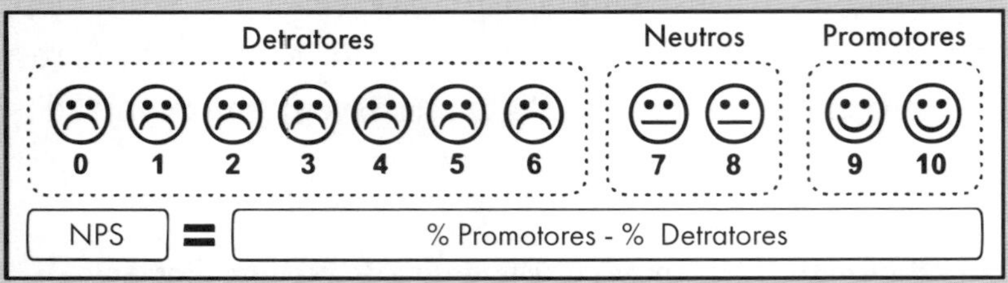

Fonte: Elaboração das autoras.

Detratores são aqueles que criticam o serviço abertamente e, se possível, não tornam a utilizá-lo. Os clientes neutros costumam não fazer críticas ao serviço, mas também não o defendem. Já os promotores geralmente se predispõem a propagar o serviço de forma positiva e contribuem para sua melhoria através de feedback.

O resultado do cálculo do NPS é classificado em uma das seguintes faixas:

- Posição de Excelência: NPS entre 76 e 100.
- Posição de Qualidade: NPS entre 51 e 75.
- Posição de Aperfeiçoamento: NPS entre 1 e 50.
- Posição Crítica: NPS entre –100 e 0.

Buscando compreender melhor a opinião do cliente sem estender muito a pesquisa, pode ser definida uma segunda questão:

"O que motivou a sua nota?

- ( ) Facilidade de uso do canal de atendimento.
- ( ) Tempo de resposta.
- ( ) Resolução do problema.
- ( ) Cordialidade do atendente.
- ( ) Outros. (   )"

6.3 O POTENCIAL DA TECNOLOGIA

A padronização dos processos executados pelo CSC é fundamental para dar ritmo e previsibilidade às entregas. Durante o redesenho, é importante adequarmos os processos atuais eliminando as desconexões encontradas na etapa de mapeamento, que muitas vezes se relacionam com a ausência de padrão e/ou qualificação e capacitação do time e capturando as oportunidades de melhorias identificadas, que geralmente envolvem os sistemas atuais e iniciativas de digitalização e automação.

Saiba mais

Muitas vezes confundimos os conceitos de digitalização e automação. Para esclarecermos a diferença, é válido partirmos do conceito do processo físico, no qual grande parte das etapas previstas é conduzida com interface com o mundo físico (papel, presença do usuário), dependendo do humano para execução correta dos passos.

Em um processo digitalizado, a maior parte das atividades ocorre dentro de uma plataforma (ou ecossistema de tecnologia integrado). As etapas são executadas em sequência conforme as variáveis e condicionantes do processo.

Em um processo automatizado, as etapas são executadas com a mínima interação humana, pois todas as informações necessárias para a tomada de decisão foram digitalizadas e são acessíveis pelos sistemas dentro da tempestividade necessária.

Inclusive, nesse momento de pré-implantação, já definidos os processos e o catálogo de serviços do CSC, o pilar de tecnologia ganha relevância nas discussões, pois serão as tecnologias que viabilizarão a execução remota e centralizada dos serviços propostos.

Toda a arquitetura de sistemas e infraestrutura de tecnologia precisará ser repensada para um modelo distribuído de execução de processos, no qual, em geral, as unidades inserem e visualizam as informações e o CSC complementa, processa e devolve os resultados das transações. Essa discussão deve considerar a revisão dos controles de acesso e alterações dos usuários dentro das plataformas, novas parametrizações de funcionamento dos sistemas, aquisição de novas plataformas, criação de novas interfaces de usuários, dimensionamento de servidores e conexões com a internet etc.

É um trabalho com teor técnico bastante elevado, em que o time de sistemas e infraestrutura tecnológica precisará entender com os gestores como vai funcionar o fluxo de informações entre as unidades e as regras a serem definidas via plataformas. Muitas empresas precisam de ajuda externa especializada, uma vez que não existe esse tipo de conhecimento internalizado. E, se esse for o caso, o mais correto é incluir esses especialistas de tecnologia ainda na etapa de definição do catálogo de serviços, validando a viabilidade de implantação daquele serviço no curto, médio e longo prazo.

Para ajudar a entender a complexidade do tema e até mesmo a avaliar a necessidade de apoio especialista, listamos a seguir as principais plataformas e tecnologias que precisam ser estudadas em um contexto de compartilhamento de serviços.

6.3.1 ERP

De maneira geral, os ERPs auxiliam na execução e gestão dos principais processos de suporte das organizações. Existem versões mais robustas que possuem módulos, inclusive, para os processos finalísticos (vendas e produção), porém é bastante comum encontrar empresas utilizando os ERPs somente para os processos relacionados à função financeira (contas a pagar, contas a receber, conciliação bancária etc.) e as obrigações contábeis e fiscais da organização, visando otimizar e automatizar várias tarefas que demandam esforço e tempo. Os demais processos são suportados por plataformas específicas de cada função (exemplos: CRM, e-Procurement, WMS...).

Para as organizações que estão planejando a substituição do ERP, pode ser sinérgica a realização desta juntamente com a implantação do CSC. Apesar desse cenário demandar maior esforço gerencial, ele garante que o sistema reflita os processos já otimizados.

Além das funcionalidades básicas de execução dos processos, destacamos algumas funcionalidades desejáveis de ERPs para a boa implantação de um CSC:

- Permitir diferenciação das unidades dentro de seus registros (e talvez até de empresas com CNPJs diferentes).
- Facilidade na gestão de valores *intercompany* (movimentação de valores financeiros entre as empresas do mesmo grupo).
- Controle inteligente e fácil de acessos, segregando por tipo de informação e transação.
- Ampla geração de relatórios de forma padrão e/ou de fácil customização.
- Fácil integração com plataformas de visualização de dados.
- Ampla disponibilidade de conectores de dados com outras plataformas satélite (interface de programação de aplicações [APIs], *webservice*, microsserviços etc.).

Esses pontos são alguns exemplos de funcionalidades recorrentes para uma boa operação do CSC, mas outras funcionalidades mais específicas devem ser identificadas na etapa de entendimento dos processos atuais e seus respectivos desenhos futuros.

6.3.2 Plataformas de atendimento

Como já mencionado, os serviços prestados pelo CSC às unidades devem ser orquestrados por uma plataforma. Sua função é ser o principal canal de comunicação entre o CSC e o solicitante. Em seu funcionamento típico, ela apresenta ao usuário uma série de serviços que podem ser solicitados, gera o registro da solicitação aberta (ticket), direciona para a área/setor responsável e disponibiliza o status de atendimento da solicitação.

Assim como o ERP, essa plataforma de gestão das demandas por parte das unidades desempenha um papel protagonista dentro de um bom funcionamento do CSC. Quanto maior o número de empresas ou áreas atendidas pelo CSC e quanto maior for o catálogo de serviços, mais relevante ela se torna devido à quantidade de solicitações por dia que podem ocorrer. Imagine todas as interlocuções que as áreas de suprimentos, TI, RH, financeiro e jurídico precisam fazer para atender as unidades sendo realizadas por e-mail, telefone e mensagens. E o CSC precisando gerir sua produtividade em cima da quantidade de solicitações atendidas, sem rastreamento do que foi atendido; isso é impraticável.

Também destacamos algumas funcionalidades desejáveis além daquelas relacionadas à operação básica:

- Acesso ao portal de solicitações por vários meios de comunicação, como website, comunicadores corporativos, chatbot, WhatsApp etc. (*ominichannel*).
- Comunicação entre solicitante e executor gerando registro de toda comunicação.
- Integração com outras plataformas para abertura automática de chamados.

- Integração com outras plataformas para execução de serviços de baixa omplexidade (N0 e N1).
- Gestão de SLAs e indicadores de atendimento.
- Acompanhamento do fluxo de atendimento, mesmo que não padronizado, acionando diversas áreas e níveis que podem ser necessários para solucionar a demanda.
- Meios para realizar a avaliação da satisfação dos usuários com o atendimento (perguntas, periodicidade, formato etc.).

O tema do gerenciamento dos SLAs (saber se os processos estão cumprindo com os acordos) é tão importante que, caso a plataforma não tenha essa funcionalidade plenamente integrada, pode ser necessário adquirir de forma adicional outra ferramenta para gerenciamento de SLAs e indicadores.

A escolha da plataforma de atendimento está muito relacionada à definição do catálogo de serviços, ao modelo de custeio e precificação e ao propósito de existência do CSC. Um CSC focado apenas em processos transacionais possuirá requisitos de funcionalidade diferentes de um CSC com escopo mais abrangente. Por isso, na hora de definir qual a melhor plataforma, temos que levar esses fatores em consideração, além, é claro, dos custos envolvidos.

6.3.3 Plataformas de automação de processos

São uma das principais fontes de ganho de escala e melhoria de SLA em processos. São ferramentas que atuam principalmente nas camadas de controle e produtividade dos processos, dando visibilidade às instâncias deles, garantindo a fluidez entre as interfaces, operacionalizando atividades e até mesmo tomando decisões conforme os parâmetros estabelecidos.

A seguir, apresentamos um agrupamento das tecnologias mais comuns que podem ser utilizadas nessa jornada de automação:

- *Business process management suite* (BPMS): é um software que possui diversas funcionalidades:
  - Modelagem de processos: permite projetar e definir visualmente o fluxo de trabalho e as etapas dos processos de negócio.
  - Automação: automatiza tarefas e atividades do processo, eliminando trabalho manual e garantindo a aplicação consistente.
  - Execução: executa os processos de acordo com as regras de negócio definidas, coordenando as interações entre sistemas e pessoas.
  - Monitoramento: monitora a execução dos processos em tempo real, coletando métricas e indicadores para análise.
  - Otimização: identifica oportunidades de melhoria contínua nos processos com base nos dados coletados.

De forma prática, o desenho de uma atividade dentro da ferramenta não é só uma caracterização visual da etapa, mas sim lógica (digital). Para cada atividade é preciso correlacionar a tela de campos que será preenchida (manual ou automaticamente), o banco de dados a ser lido e armazenado, os perfis de usuários que executam aquela atividade, regras de decisão, entre outros. Esses fluxos construídos podem ser exatamente o caminho seguido pelos usuários ou pode ser um fluxo que integra várias plataformas, atuando assim como orquestradores dos processos, dando informação de quem, quando e qual plataforma de uma instância de processo específica está parada ou fazendo a leitura de todas as instâncias históricas para apresentar algum cenário de decisão.

Segundo a Gartner Reports, hoje existem mais de duzentas soluções de tecnologia BPMS disponíveis no mercado. É uma característica comum às plataformas mais novas a adoção de linguagem *low-code/no-code* para configuração dos fluxos. O intuito disso é não depender das áreas de tecnologia para criação e manutenção dos fluxos de negócios, acelerando assim os ciclos de melhoria contínua. A sua facilidade de integração com as demais plataformas permite a automação dos processos de ponta a ponta. É por isso que muitas plataformas de *Service Manager* são construídas sobre uma plataforma de BPMS ou possuem a funcionalidade de BPMS dentro do leque de opções nativas. Outro diferencial dessas plataformas é a promoção da unificação dos dados do processo dentro do ecossistema tecnológico das empresas.

- *Process mining* ou mineração de dados de processos: a união das disciplinas de gerenciamento de processos e análise de dados. A mais recente das tecnologias que comentaremos (embora seja uma disciplina estudada em cursos de estatística há algum tempo), ainda não é amplamente utilizada pelos CSCs, mas logo será. As taxas de crescimento do uso dessa tecnologia são impressionantes e a cada dia surgem novas aplicações. Por isso, é possível prever que, se você ainda não ouviu falar sobre ela, logo buscará como trazê-la para sua empresa.

  Em síntese, as plataformas de *process mining* acessam os registros das instâncias dos processos dentro dos sistemas e mapeiam os tempos e movimentos realizados, identificando dessa forma quando, quem e o que foi feito dentro de cada atividade do fluxo percorrido. E não é de uma forma amostral, mas sim em todas as instâncias em que o processo ocorreu. Identificando gargalos, comportamentos inesperados, performance e até mesmo sugerindo ações, aprendidas em instâncias anteriores.

  Assim como falamos no Capítulo 4, sua aplicação em um CSC se dá tanto nos ciclos de melhoria dos processos,

auxiliando nas análises dos processos AS IS, bem como nos ciclos de execução, pois, uma vez que se tem o fluxo mapeado dentro da plataforma de *process mining*, é possível realizar seu monitoramento em tempo real, corrigindo anomalias antes de elas chegarem a impactar o resultado do processo.
Para atingir sua potencialidade de uso é necessário que grande parte do processo ocorra dentro de plataformas, ou seja, já tenha passado pela fase de digitalização. Além disso, é necessário que essas mesmas plataformas registrem e permitam acesso sobre os processos executados. Essas particularidades têm sido o grande entrave para que esse tipo de tecnologia seja ainda mais comum.

- *Robotics process automation* (RPA): robôs programados para replicar operações executadas por humanos em meios digitais. Em suas versões mais simples, os robôs emulam as atividades que uma pessoa realizaria, executando os mesmos passos, utilizando as mesmas plataformas (e usuários) e até mesmo o computador das pessoas, caracterizando-se, de fato, como um trabalhador digital. Entretanto, existem versões de robôs que operam em nuvem, com usuário próprio e sem precisar ser supervisionado.
Uma atividade típica trabalhada por robô é a transferência de informação manual entre plataformas por conta de alguma falta de integração ou ausência de plataforma; uma informação precisa ser transferida ou inserida manualmente dentro de plataformas. Outras atividades comuns são de apoio na manipulação estruturada de dados, por exemplo, relatórios de posição de estoque, conciliação bancária, demonstrativo de resultados etc. Mas, claro, a cada dia novas tecnologias são incorporadas e os robôs ganham maior amplitude e profundidade de uso.

Normalmente, RPAs são ferramentas com foco na liberação de tempo dos colaboradores e claro aumento de produtividade. Um dos principais benefícios dos RPAs é o melhor aproveitamento das habilidades dos colaboradores para atividades mais analíticas (menos operacionais) e o controle (ou redução) de variação de desempenho em determinada atividade. Não devem ser vistos como uma ferramenta de substituição de pessoas dentro das empresas, mas sim como uma ferramenta potencializadora da produtividade.
Um último ponto sobre RPAs é o seu ciclo de vida. Como tipicamente eles estão atuando em uma interface desconexa entre sistemas, são uma solução paliativa e temporária, por mais que durem anos. Entretanto, em algum momento as plataformas evoluem e não precisam mais de um intermediador entre elas. Por isso, o ciclo de vida de um RPA deve ser composto por sua concepção, amadurecimento de performance, manutenção e, por fim, descontinuação. Muito semelhante aos ativos industriais.

- Chatbot: simuladores de atendimento que podem ser parametrizados por árvores de decisão até a inteligência artificial, com foco na agilidade da resolução de solicitações através de plataformas de mensagem para conversas – baseadas em texto, voz ou ambos. São quase como um robô também. Executam atividades básicas de cadastro e abertura de solicitações. Respondem perguntas frequentes com respostas predeterminadas e, se não atingem o objetivo do cliente, conectam-se a um atendente. São muito utilizadas para traduzir informações de regras e processos para o público geral sem necessariamente apresentar documentações extensas (por mais que sejam construídos a partir destas).

> Em um contexto de CSC, os chatbots auxiliam bastante no esclarecimento de dúvidas dos principais processos e no atendimento daqueles serviços de baixa complexidade (No). Para sua construção, é preciso criar primeiro uma boa base de conhecimento sobre o processo e suas principais dúvidas (junto ao público-alvo).

Outras tecnologias merecem destaque também por sua relevância na melhoria de processos: as tecnologias de captura de imagens, textos, comandos de voz e todas as variantes de assinaturas eletrônicas. Muitas dessas tecnologias estão contidas dentro das plataformas citadas ou podem ser contratadas individualmente, integrando-se a seus sistemas via portais, APIs ou softwares instalados. A mais notória delas para um CSC é a tecnologia de assinatura digital (*e-Sign*). Ela possui variantes de legitimidade cuja aplicação vai depender do nível de exigência do processo. Como exemplo: a aprovação de notas de serviço pode ser uma tecnologia mais simples, com um botão "Aprovar" que insere uma imagem da assinatura do gestor dentro da imagem da nota emitida. Já um processo jurídico que precise dos procuradores da organização pode ser realizado via token de certificação digital e/ou até mesmo com a coleta da digital.

Vale entender um ponto: nem todos os processos são passíveis de automação 100% de ponta a ponta. A cada dia as tecnologias e plataformas ficam mais baratas, mas ainda possuem custos. Então, mesmo elegíveis, algumas tarefas não possuem viabilidade financeira para sua automação. A seguir, apresentamos algumas características que devem ser consideradas ao selecionar atividades/processos para automatizar:

- Repetibilidade: presença de atividades operacionais repetitivas, que ocorrem de forma semelhante quase sempre.

- Padronização: sequência de atividades que são executadas de acordo com regras específicas e sem variações relevantes. Todos os parâmetros para interpretação das regras precisam já estar digitalizados.
- Larga escala: atividades com elevada frequência que demandem alto nível de dedicação de pessoas.
- Transacionais: atividades que envolvam transações entre alguns sistemas e/ou colaboradores.

6.4 ADEQUAÇÃO DO PROCESSO E NOVO DIMENSIONAMENTO

O novo dimensionamento do CSC será um reflexo da adequação do processo atual – através da eliminação dos gaps nas dimensões de pessoas, processos e tecnologia, que foram traduzidos em:

- Disfunções: as pessoas estão fazendo o que deveriam fazer? Cada área está focada em sua função central?
- Desconexões: como a ausência de padrão pode impactar no meu processo? Há uma forma mais simples de executar o processo sem comprometer a qualidade? As interfaces entre as áreas estão saudáveis?
- Desperdícios: há atividades que não adicionam valor ao cliente sendo realizadas? É possível fazer o que está sendo feito hoje de forma mais eficiente (com aporte de tecnologia, por exemplo)?

O Quadro 14 representa uma visão executiva de como podemos demonstrar os ganhos de eficiência com o redesenho do processo e as principais alavancas que suportarão a captura desses ganhos.

Quadro 14 – Ganhos de eficiência com redesenho de processo (exemplo)

Subprocesso (Administrar pessoal)	FTE atual	FTE futuro	Custo atual/ ano (R$ mil)	Custo futuro/ ano (R$ mil)	Ganho de eficiência	Principais alavancas
Administrar cadastro de pessoal	2,05	1,65	191	154	-20%	1 e 2
Administrar registro de ponto	3,10	2,40	289	223	-23%	5
Administrar folha de pagamento	8,23	5,87	766	546	-29%	2 e 5
Administrar benefícios	5,06	4,00	471	372	-21%	1 e 2
Gerenciar admissões	2,67	1,65	249	154	-38%	1 e 2
Gerenciar férias	1,80	1,75	168	163	-3%	5
Gerenciar desligamentos	1,90	1,65	177	154	-13%	5
Gerenciar afastamentos	3,10	2,40	289	223	-23%	1
Total	**27,91**	**21,37**	**2.598**	**1.990**	**-23%**	

Obs.: os números são fictícios, apenas para exemplificação.

Fonte: Elaboração das autoras.

Principais alavancas:

1. Readequação da quantidade e/ou qualificação dos profissionais envolvidos na prestação do serviço.
2. Automatização e digitalização.
3. Redução ou alteração de contratos.
4. Terceirização ou primarização de atividades.
5. Criação ou revisão dos padrões de trabalho para garantir padronização e redução de exceção.

Construindo as bases do CSC

Um meio de sustentar a gestão do relacionamento com o cliente é com a criação do

CATÁLOGO DE SERVIÇOS

- **Nome do serviço** — Não só o nome, mas sua respectiva categoria e subcategoria
- **Solicitante** — Qbuais **personas** poderão solicitar cada serviço?
- **Nível de atendimento**
  - **N0.** Autoatendimento
  - **N1.** Contato/ação de atendente
  - **N2.** Especialistas/Produção contínua
- **Canais de atendimento** — **Omnichannel**: **Redes sociais**, **Portal**, **E-mail**, **Chatbot**, **Telefone**
- **SLA direto** — Em quanto tempo e em qual qualidade o **CSC** deve entregar?
- **SLA inverso** — Em quanto tempo e em qual qualidade o **cliente** deve demandar?
- **Custo do serviço** — Que pode ser precificado das seguintes maneiras:
  - ✓ Rateio por critério direto
  - ✓ Rateio por critério indireto
  - ✓ Precificação por hora
  - ✓ Precificação por serviço

Para a **gestão do desempenho** do CSC recomendamos:

1. Elaborar árvore de indicadores
2. Medir (se não tiver histórico)
3. Definir metas
4. Definir reuniões de acompanhamento
5. Medir o NPS

Plataformas e tecnologias que precisam ser estudadas:

- ERP
- Plataformas de atendimento
- Plataformas de automação de processos:
  - → BPMS
  - → Process Mining
  - → RPA
  - → Chatbot

Capítulo 7

PLANEJANDO A IMPLANTAÇÃO DO CSC

Agora que a equipe do Grupo Construir possui o desenho do CSC com seus processos, SLAs acordados, indicadores definidos e dimensionamento do time, é chegada a hora de pensar em como tirar tudo do papel. Iniciamos aqui a fase de construção e testes, que possui como objetivo a elaboração e execução do plano de ação necessário para o início das operações do CSC, além de identificar os possíveis riscos a fim de mitigá-los ou termos em vista um plano de contingência.

Neste capítulo iremos trazer pontos relevantes sobre plano de ação, além de conceitos e recomendações sobre matriz de risco e rotas de transição de um processo para o CSC. É importante entender que o plano de ação e a matriz de risco são ferramentas "vivas" que devem ser atualizadas durante a implantação conforme se identificam novos riscos e novas ações necessárias para a execução e/ou melhoria dos processos.

Antes de entrarmos no detalhe das ferramentas, trouxemos um esquema buscando facilitar o entendimento da relação entre elas e em qual ordem recomendamos que sejam utilizadas. Considerando o fim da etapa de redesenho, os passos seguintes consistem em:

1. Consolidar e detalhar o plano de ação e a matriz de risco para começar a tangibilizar esforços e já colocar as ações de *quick win* em execução. Com isso em mãos, poderemos seguir para:
2. Definir qual a melhor rota de transição a ser seguida avaliando os prós e os contras inerentes a cada cenário.
3. Complementar plano de ação e matriz de risco (detalhar, se for o caso) com os novos aspectos oriundos da rota definida.

Figura 33 – Conexão entre plano de ação, matriz de risco e rotas de transição

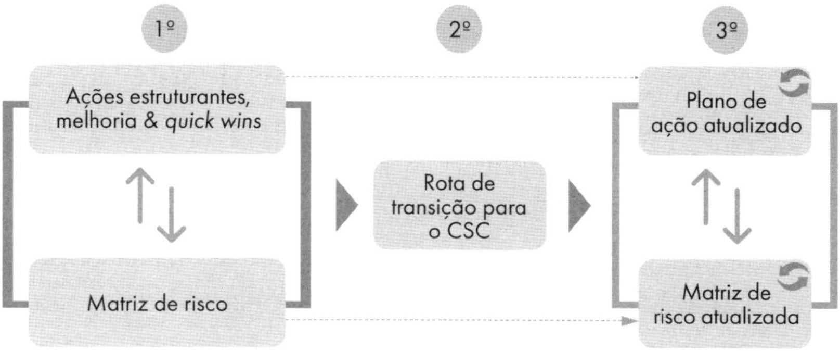

Fonte: Elaboração das autoras.

7.1 PLANO DE AÇÃO

Existem algumas ferramentas para elaboração de um plano de ação, como o 5W2H, que podem ser facilmente encontradas pela internet. Neste livro, focaremos em trazer alguns pontos de atenção para garantir a efetividade do plano de ação:

- Classificação das ações: estruturantes, melhoria ou *quick wins* ("ver e agir").
  As ações estruturantes podem ser entendidas como pré-requisitos para o início do funcionamento do CSC (*Go Live*), por exemplo:
  - Implantação de um novo sistema ou padronização de sistemas entre as unidades de negócio. Muitas vezes, a avaliação e aprovação depende de um Comitê de Tecnologia e o investimento é significativo.
  - Adequação da infraestrutura física onde os colaboradores irão trabalhar.

- Contratação e treinamento dos colaboradores na execução dos novos processos.

As ações de melhoria podem ser de processo, como a elaboração de um procedimento, ou de sistema, como o desenvolvimento de um RPA para automação de uma atividade repetitiva de baixa complexidade.
Sobre os *quick wins*, é natural encontrarmos ações de baixo esforço e de ganho rápido durante o mapeamento da situação atual dos processos. Neste caso, não é necessário aguardarmos o avanço do projeto para a execução delas. Elas, inclusive, contribuem para a motivação da equipe de projeto, que consegue ver resultados no curto prazo.

- Clareza
  Escreva as ações de forma clara e com riqueza de detalhes para evitar mal-entendidos durante a execução.

- Alinhamento de expectativas
  - Alinhe a ação junto ao responsável pela execução e revise as etapas conforme sentir necessidade.
  - Alinhe prazos realistas com os responsáveis avaliando se há concentração de ações para alguém e se não é possível redistribuí-las.

- Objetivo
  Ter o "por quê", ou seja, qual desconexão a ação elimina ou minimiza ajuda (e muito!) o responsável a ter autonomia na execução e focar o objetivo a ser atingido.

- Priorização
  Classifique as ações por ordem de prioridade. Você pode utilizar algumas ferramentas para isso, tais como GUT,

RICE, ou mesmo desenvolver a sua própria matriz de priorização a partir de critérios que façam mais sentido para o cenário da sua empresa.

A matriz GUT é uma ferramenta gerencial que auxilia a tomada de decisão sobre quais fatores ou causas devem ser resolvidos ou mitigados primeiro para a resolução do problema ou captura da oportunidade. O acrônimo GUT é a abreviação dos três critérios utilizados na análise: gravidade, urgência e tendência.

A gravidade refere-se à importância do fator na solução do problema; a urgência refere-se à necessidade de solucionar o problema rapidamente; e a tendência refere-se à probabilidade de que o fator continue afetando o problema no futuro.

Durante a análise, cada fator deve ser avaliado em uma escala de 1 a 5 em relação a cada um dos critérios, conforme legenda descrita no Quadro 15.

Quadro 15 – Matriz GUT

Gravidade	Urgência	Tendência
1 – Sem gravidade	1 – Pode esperar	1 – Não irá mudar
2 – Pouco grave	2 – Pouco urgente	2 – Piorar a longo prazo
3 – Grave	3 – Urgente, merece atenção no curto prazo	3 – Piorar a médio prazo
4 – Muito grave	4 – Muito urgente	4 – Piorar a curto prazo
5 – Extremamente grave	5 – Necessidade de ação imediata	5 – Piorar rapidamente

Fonte: Elaboração das autoras.

A nota final de cada fator será obtida através da multiplicação dos valores atribuídos para gravidade, urgência e tendência. Com base nesses valores, os fatores são classificados em quatro categorias: alto, médio, baixo e mínimo.

A matriz GUT permite que o gerente de projeto aloque recursos adequadamente e tome decisões mais técnicas sobre como lidar com o problema ou situação indesejada em questão.

Outra ferramenta gerencial utilizada para o mesmo fim é a RICE – acrônimo que significa *reach, impact, confidence* e *effort*, representando quatro métricas que podem ser utilizadas na avaliação do valor potencial de uma iniciativa:

- *Reach* (alcance): indica a quantidade de pessoas que serão afetadas pela iniciativa. Quanto maior o número de pessoas afetadas, maior será a pontuação de alcance.
- *Impact* (impacto): avalia o impacto que a iniciativa terá nos objetivos do projeto. Quanto maior o impacto, maior será a pontuação de impacto.
- *Confidence* (confiança): avalia o quanto você está confiante de que a iniciativa terá o impacto desejado. Quanto maior a confiança, maior será a pontuação de confiança.
- *Effort* (esforço): avalia o esforço necessário para implementar a iniciativa. Quanto maior o esforço, maior será a pontuação de esforço.

Depois de avaliar cada métrica, com uma nota que pode variar de 1 a 10, a pontuação RICE para cada iniciativa é calculada utilizando a seguinte fórmula:

$$\text{RICE} = \text{reach} \times \text{impact} \times \text{confidence} / \text{effort}$$

As iniciativas com as pontuações RICE mais altas devem ter prioridade mais alta em seu plano de projeto.

Saiba mais (1)

Apesar de trazermos, neste livro, em momentos distintos e de forma sequencial, o mapeamento, o redesenho e a posterior elaboração do plano de ação, é indispensável reforçarmos que as ações de ganho rápido e baixo esforço (conhecidas como *quick wins* ou ver & agir) não precisam esperar! Elas podem (e devem) ser implementadas o quanto antes, assim que identificadas.

Saiba mais (2)

Após a conclusão da elaboração do plano de ação, que deverá conter tanto as ações que demandarão investimento, como as ações de otimização dos processos que resultarão em economia, é importante a atualização do *business case* elaborado na fase do estudo de viabilidade.

7.2 MATRIZ DE RISCO

Em um cenário de implantação de um CSC em que tudo é novidade, precisamos nos antecipar quanto a possíveis problemas que possam ocorrer trazendo soluções rápidas. A matriz de risco é uma ferramenta que permite à equipe de projeto refletir sobre os possíveis riscos envolvidos na mudança de um processo e terá papel crucial na preparação para o CSC.

O primeiro passo é listarmos todos os riscos que identificamos. Devemos buscar sermos exaustivos neste momento e pensar no maior número de cenários possível. Assim como no plano de ação, deve-se detalhar e deixar clara a descrição do risco para garantir o entendimento de todos da equipe.

Em seguida, os riscos são classificados quanto à probabilidade de acontecerem e ao impacto que causariam caso se concretizassem. Geralmente, ambas as variáveis são classificadas como baixa, média e alta, mas isso pode variar conforme necessidade. A combinação das variáveis determinará se o risco mapeado é alto, médio ou baixo, conforme a Figura 34.

Figura 34 – Matriz de risco

PROBABILIDADE				
	Alta	Médio	Alto	Alto
	Média	Baixo	Médio	Alto
	Baixa	Baixo	Baixo	Médio
		Baixo	**Médio**	**Alto**
		IMPACTO		

Fonte: Elaboração das autoras.

O último passo da matriz de risco consiste em definirmos para cada risco uma ação de mitigação (como podemos evitar que aquele risco se torne realidade) e uma de contingência (se mesmo assim o risco se tornar realidade, como devemos atuar).

7.3 ROTAS DE TRANSIÇÃO

As rotas de transição são caminhos possíveis na migração de um ou mais processos para o CSC. Cada uma possui seus prós e contras, que devem ser avaliados em cada cenário para melhor atender aos objetivos da empresa e às particularidades de cada processo.

A Figura 35 representa as três possíveis rotas de transição, em que as variáveis são o grau de melhoria do processo e o seu local de execução, se no CSC ou na área de origem.

Figura 35 – Rotas de transição

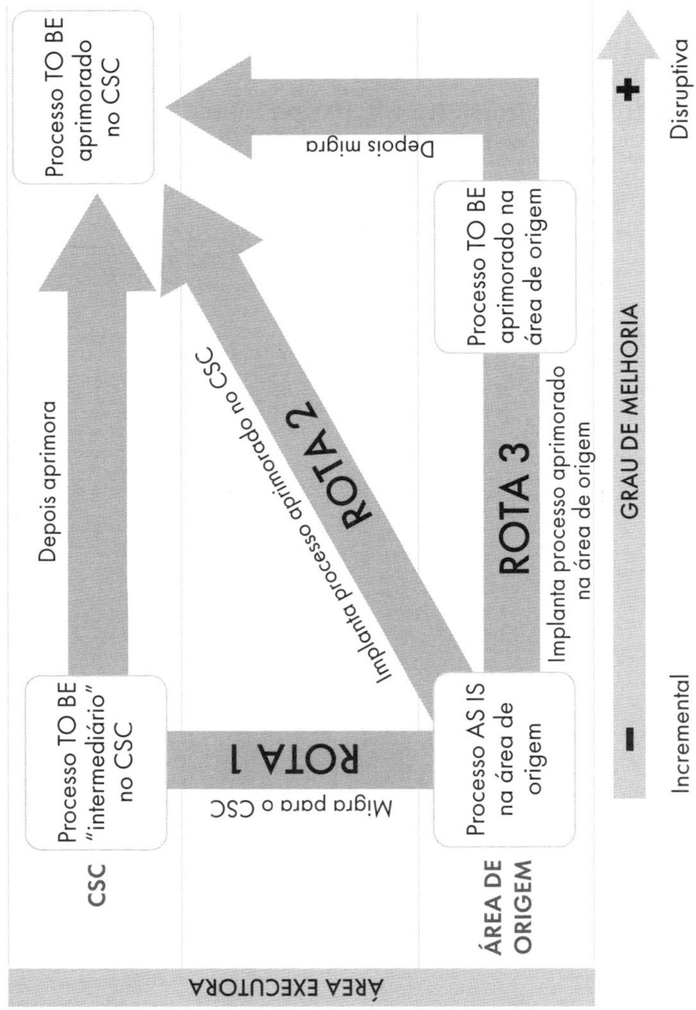

Fonte: Elaboração das autoras.

Rota 1: Migra para o CSC e depois aprimora o processo

- Prós: viabiliza o CSC de forma mais rápida, permitindo a otimização de recursos a depender da característica dos processos migrados.
- Contras: há risco de novos funcionários aprenderem velhos vícios do negócio e maiores dificuldades técnicas para mudanças no aprimoramento do processo. Há necessidade de treinar a equipe executora em dois momentos: na migração para o CSC e futuramente para o novo processo.
- Velocidade de implantação: é a mais rápida de todas as rotas no quesito implantação, por não estar condicionada à execução do plano de ação para melhoria do processo antes de migrá-lo para o CSC.

Rota 2: Implanta o processo aprimorado já no CSC

- Prós: implantar o processo aprimorado já no CSC otimiza o treinamento da equipe executora, uma vez que só será mandatório executá-lo antes da migração (além, claro, de atualizações e reciclagem quando necessário). É a rota que cria o ambiente mais propício para mudança, com menos resistência por iniciar o novo processo em uma nova área.
- Contras: qualquer implantação de um novo desenho de processo traz consigo riscos atrelados. Quando adicionamos a esse cenário o fato de que essa implantação ocorrerá em uma nova área/departamento e com novos colaboradores executando, naturalmente esse risco se intensifica. Por isso, entre todas as rotas, a Rota 2 é a que mais demanda esforço em gerenciamento da equipe do projeto.

- Velocidade de implantação: em comparação com as outras rotas, a Rota 2 possui velocidade intermediária de implantação.

Rota 3: Implanta o processo aprimorado na área de origem e depois migra para o CSC

- Prós: é a rota de menor risco, uma vez que o novo processo é implantado na área em que já existe *know-how*, trazendo maior estabilidade para a mudança.
- Contras: outro contra é a necessidade de treinar a equipe executora no novo processo e depois, no momento da migração para o CSC. Além disso, há um risco atrelado à resistência da área em “permitir” a futura migração do processo para o CSC.
- Velocidade de implantação: é a rota mais lenta de migração para o CSC, uma vez que há o esforço de implementar o novo processo na área de origem e depois um novo esforço para implementação no CSC. Quanto menor for a capacidade da empresa de padronizar o processo, mais tempo levará para ele iniciar como um serviço compartilhado.

Adicionalmente aos prós e aos contras inerentes a cada rota, na hora de definir o caminho ideal para cada processo, deve-se considerar o esforço necessário para implementação das ações elaboradas em relação à capacidade de execução da empresa, além de avaliar também os riscos mapeados. No Quadro 16, trazemos um exemplo de fatores sobre os quais é preciso refletir na tomada de decisão.

Quadro 16 – Prós e contras das rotas de transição

Rotas de transição	Pontos positivos	Pontos negativos	Fatores de decisão
Rota 1 Migra para o CSC e depois aprimora o processo	• Rapidez na implementação	• Treina 2 vezes (migração + processo aprimorado) • Risco de não aprimorar processo depois de migrado	• Prazo agressivo para o Go Live. • Prioridade da empresa em juniorizar a execução dos processos (tirando a atribuição de um analista e passando para um assistente, por exemplo). • Empresa com baixa capacidade de execução de ações de melhoria. • Processos com baixo risco (financeiro, operacional, compliance). • Presença de time dedicado/consultoria para apoiar no aprimoramento dos processos. • Tecnologia não é um limitante para a implantação no CSC.
Rota 2 Implanta o processo aprimorado já no CSC	• Treina times só 1 vez • Processo novo em um lugar novo = ambiente de mudança	• Demanda mais controle e gestão • Mais arriscado	• Prioridade da empresa em aprimorar os processos. • Empresa com boa capacidade de execução de ações de melhoria. • Intenção de mudança disruptiva naqueles processos com risco baixo a moderado. • Presença de time dedicado/consultoria para apoiar no aprimoramento dos processos.

(continua)

Quadro 16 – Prós e contras das rotas de transição (*continuação*)

Rotas de transição	Pontos positivos	Pontos negativos	Fatores de decisão
Rota 3 Implanta o processo aprimorado na área de origem e depois migra para o CSC	• Menor risco na execução	• Treina 2 vezes (processo aprimorado + migração) • Risco de não migrar depois	• Prioridade da empresa em aprimorar os processos. • Processos muito sensíveis: respaldados por alguma lei, ligados diretamente à imagem da empresa, controles internos, compliance, e com baixa maturidade em gestão. • Demanda por conhecimentos específicos para execução do processo. • Implantação de uma tecnologia é um fator limitante para migração.

Fonte: Elaboração das autoras.

Após a definição da rotas de transição, é essencial finalizarmos a elaboração das ações que podem estar pendentes de prazo e responsável (por dependerem da definição de rota) e complementarmos a matriz de risco conforme o cenário escolhido.

O próximo passo é iniciar a formação da equipe e capacitá-la.

7.4 SELEÇÃO DA EQUIPE E TREINAMENTO

Para tornar o CSC realidade e alcançar bons resultados, as pessoas são fundamentais. Uma vez definidos quantos FTEs serão necessários para a execução dos novos processos, deve-se traçar o perfil e as competências necessárias para os colaboradores que irão compor o time.

Uma ferramenta utilizada para descrever, selecionar e desenvolver pessoas baseada no perfil de cada cargo é a matriz de competências, também conhecida como matriz CHA. CHA é o acrônimo para as três dimensões que compõem a matriz:

Figura 36 – Matriz CHA

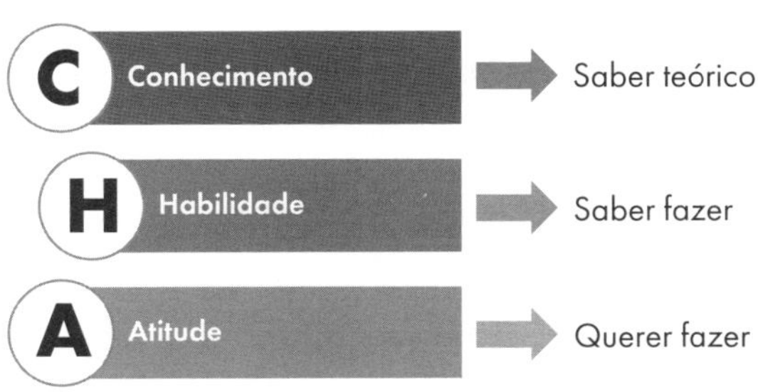

Fonte: Elaboração das autoras.

Entende-se por conhecimento aquilo que é teórico. O colaborador precisa ter um certificado, um diploma ou simplesmente entender de forma conceitual determinado tema. Habilidade envolve experiência, prática, é o saber fazer. E, por fim, mas (absolutamente) não menos importante, a atitude possui um viés comportamental, é o querer fazer.

Existem maneiras diferentes de construir a matriz CHA. Neste livro traremos um modelo para exemplificar, mas fique à vontade para adaptá-lo a sua realidade.

O primeiro passo é a listagem de quais conhecimentos, habilidades e atitudes determinado cargo precisa para cumprir sua função conforme esperado. Para exemplificar: esse colaborador estará em contato direto com os clientes do CSC? Se estiver, é essencial que ele tenha entre suas atitudes a comunicação e a capacidade de lidar bem com conflitos. Se não estiver, caso seja um colaborador que atue na produção contínua, ele não precisa ter essas mesmas atitudes obrigatoriamente.

Definidas as competências necessárias para o cargo, deve-se pontuar qual o grau exigido para cada item dessa lista no intuito de quantificarmos essas caraterísticas. Um exemplo de graduação:

1. Nível baixo ou diferencial.
2. Nível intermediário.
3. Nível avançado.
4. Nível expert.

Com essa referência em mãos, é hora de buscar as pessoas que melhor se encaixam no perfil definido. Algumas empresas optam por movimentar os colaboradores que executam o processo atualmente, e outras por contratar colaboradores para a nova função, seja via seleção interna ou externa. Não existe um caminho perfeito. Na sequência, trazemos os prós e os contras de cada opção e deve-se avaliar caso a caso, considerando o perfil da empresa, grau de mudança desejado, disponibilidade de mão de obra, esforço demandado × impacto, disponibilidade de recursos financeiros, entre outros fatores.

Quadro 17 – Alternativas de seleção da equipe do CSC

Seleção de equipe	Pontos positivos	Pontos negativos
Remanejamento da equipe da área de origem do serviço	• Know-how migra junto para o CSC. • Menor esforço em treinamento. • Baixo/nenhum investimento. • Formação de equipe muito rápida. • No caso de processos sensíveis, passíveis inicialmente à Rota 3 de transição, o remanejamento pode mitigar os riscos atrelados e viabilizar a migração via Rotas 1 ou 2.	• Menor predisposição à mudança. • Manutenção de "velhos vícios".
Seleção interna de outras áreas	• Menor esforço em ambientação cultural. • Baixo/nenhum investimento. • Formação de equipe rápida.	• Menos opções de candidatos (comparando com o mercado). • Pode ter menor predisposição à mudança. • Mediano esforço em treinamento.

(continua)

Quadro 17 – Alternativas de seleção da equipe do CSC (*continuação*)

Seleção de equipe	Pontos positivos	Pontos negativos
Seleção externa	• Pessoas novas com diferentes experiências e pensamentos. • Maior predisposição à mudança.	• Maior investimento. • Maior esforço em treinamento e ambientação. • Formação de equipe mais lenta. • Risco de não adaptação do novo funcionário.

Fonte: Elaboração das autoras.

Além de auxiliar nesse momento de seleção de colaboradores para o CSC, a matriz CHA pode ser usada, inclusive, para seu desenvolvimento e treinamento, uma vez que nos fornece uma visão de requisitos já atendidos e a desenvolver de cada um.

Os Gráficos 6 a 8 exemplificam aplicações da matriz CHA.

Gráfico 6 – Pilar de conhecimento (exemplo)

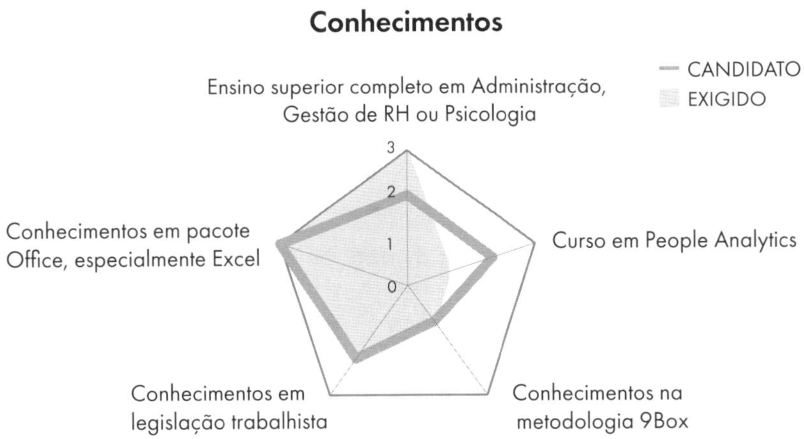

Fonte: Elaboração das autoras.

Gráfico 7 – Pilar de habilidade (exemplo)

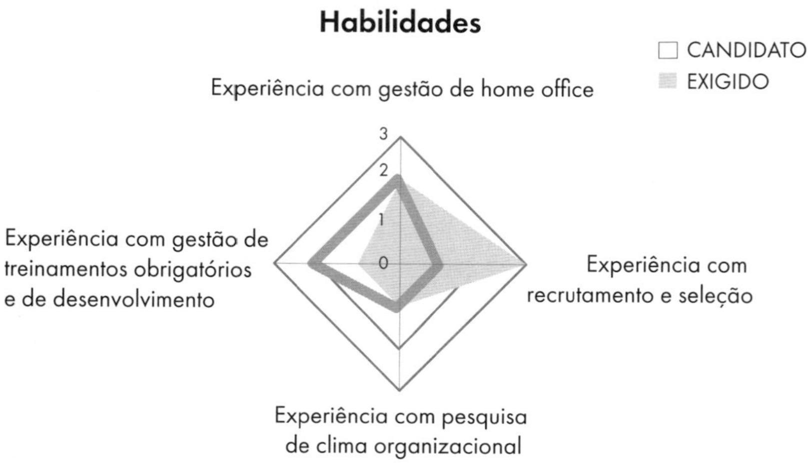

Fonte: Elaboração das autoras.

Gráfico 8 – Pilar de atitude (exemplo)

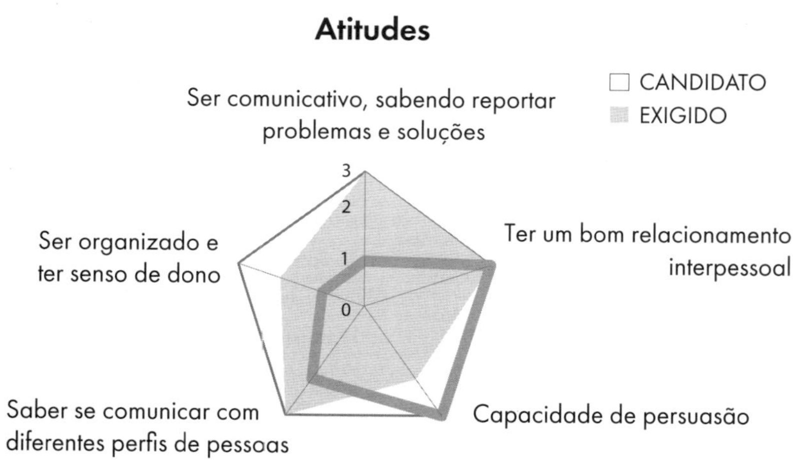

Fonte: Elaboração das autoras.

Saiba mais (1)

Falamos sobre a formação da equipe do CSC e é importante lembrar que as lideranças não ficam de fora dessa avaliação. Não existe uma fórmula mágica para a liderança de um CSC especificamente, mas, como em qualquer cenário hoje em dia, um bom líder deve atuar para manter a equipe engajada, criar um ambiente de segurança psicológica, ser um facilitador no dia a dia do time, entre outros.

Saiba mais (2)

Outra dimensão válida de incluirmos na matriz de competências é a de ENTREGA. Em um cenário em que a eficiência e performance são prerrogativas, contemplar os resultados que cada função precisa entregar é muito importante.

Além da matriz CHA, outra ferramenta que gostaríamos de abordar neste livro é a matriz de capacitação. Ela é muito útil em cenário de CSC, uma vez que facilita a gestão da equipe e as mobilizações conforme a demanda. Nela trazemos o nome de cada membro do time em uma dimensão e listamos os conhecimentos específicos (de forma mais detalhada que na matriz CHA, geralmente em nível de atividade) na outra dimensão.

Na Figura 37, há um exemplo de matriz em uma célula de cadastro. A equipe é formada por cinco pessoas e cada uma possui algum grau de conhecimento nas atividades listadas.

Figura 37 – Matriz de capacitação (exemplo)

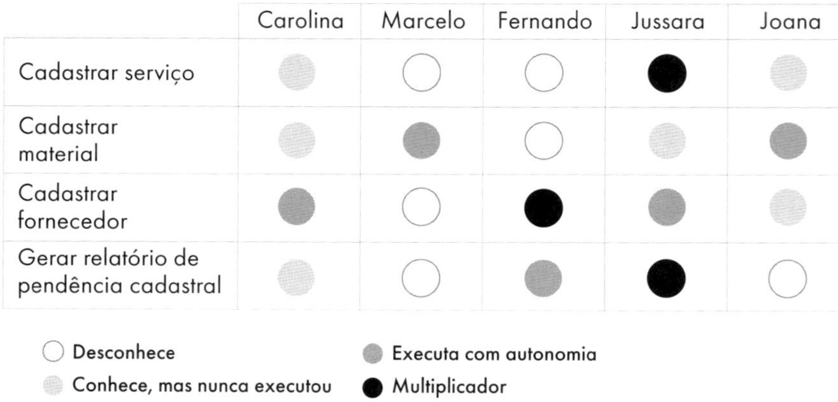

Fonte: Elaboração das autoras.

A partir dessa matriz, podemos ter alguns insights:

a) É importante desenvolver um multiplicador para "Cadastrar material". Os elegíveis são o Marcelo e a Jussara, que atualmente são os únicos do time que executam com autonomia. A definição vai depender de quem possui mais qualidade do ponto de vista didático e de relações interpessoais.

b) Parece que Carolina fez vários treinamentos, porém ainda não colocou a mão na massa em vários casos. Treiná-la *on the job* (formato de treinamento no local de trabalho/em ambiente de produção) em "cadastrar serviços" seria uma ótima saída para cobrir Jussara na sua ausência (única que já executou esse tipo de cadastro),

c) Da mesma forma, Marcelo, que possui experiência somente em "cadastrar material", pode ser desenvolvido em "cadastrar serviços", que está desfalcado.

Enfim, esses são só alguns exemplos de insights que a matriz de capacitação pode oferecer para o gestor do CSC. É importante enfatizar que a meta aqui não é tornar todos multiplicadores (até porque isso depende de características específicas), e sim servir de ferramenta para conseguirmos ter uma equipe flexível.

Planejando a implantação do CSC

Comece construindo o **plano de ação**, detalhando o que será necessário executar:

5W2H

- **What** (O que será feito?) ⊛ → Garanta uma descrição **clara**
- **When** (Qual o prazo?) ⊛ → Priorize! Você pode utilizar **matriz GUT** ou **matriz RICE**
- **Who** (Quem é o responsável?) ⊛
- **Why** (Por que devemos fazê-lo?) → Não é obrigatório, mas saber o "por quê" **engaja as equipes** na execução
- **Where** (Onde será feito?)
- **How** (Como será feito?)
- **How Much** (Quanto custará?)

⊛ Mínimo necessário para se ter no plano de ação!

Diante dos riscos, não paralise! Construa a Matriz de Riscos e defina ações para mitigá-los ou saídas contingenciais caso se concretizem.

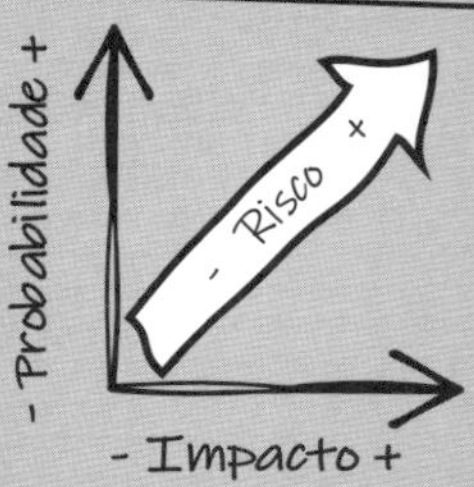

Existem **3 rotas de transição** dos processos para um CSC:

- **Rota 1** → Migra o processo para o CSC e depois aprimora
- **Rota 2** → Implanta o novo processo já aprimorado no CSC
- **Rota 3** → Aprimora na área de origem e depois migra

Para preparar o time que atuará no CSC, indicamos a utilização de duas matrizes: uma para seleção e outra como guia de treinamento.

A matriz CHA auxilia na definição dos perfis dos cargos e mapeamento das fortalezas e pontos de melhoria de cada colaborador:

- **C** Conhecimento
- **H** Habilidade
- **A** Atitude

Matriz de Capacitação

	T1	T2	T3	T4	T5
👤	✓	✓		✓	x
👤	x	✓	✓	✓	

Quem precisa ser treinado?
Quando ocorrerá a reciclagem?

Capítulo 8

TRANSFORMANDO O CSC EM REALIDADE

Este capítulo abordará o *Go Live* (início) de uma operação de CSC. Compartilharemos com você os principais pontos de atenção que precisam ser gerenciados e boas práticas para esta etapa ser um sucesso.

No cenário do Grupo Construir, um time de mais de vinte colaboradores foi formado para executar os processos das categorias de Recursos Humanos, *Facilities* e Finanças como piloto. Além disso, foi delimitada a prestação desses serviços para as filiais da regional Nordeste para facilitar o controle em um primeiro momento.

Para exemplificar o passo a passo realizado nas semanas anteriores ao *Go Live*, utilizaremos o escopo de Recursos Humanos, que contou com três subcategorias de serviços:

- Gestão de benefícios e folha de pagamento: visando sanar dúvidas sobre todos os benefícios oferecidos pela empresa a seus colaboradores, prover benefícios para os novos colaboradores e ajustes conforme alteração de cargo e processar a folha de pagamento.
- Gestão de treinamentos: assegurar o cumprimento dos treinamentos obrigatórios e de desenvolvimento de todos os colaboradores do Grupo Construir, prover espaço físico e materiais e gerenciar a eficácia e satisfação com os treinamentos.
- Gestão de exames médicos ocupacionais: garantir que os colaboradores estejam com seus respectivos exames ocupacionais em dia conforme normas trabalhistas brasileiras, realizando a comunicação entre colaborador, seu líder imediato e empresa terceira responsável pela execução dos exames.

Considerando a demanda da regional Nordeste, estimou-se a necessidade de quatro recursos que se dividiriam entre os serviços prestados, mas também seriam capazes de atuar em qualquer um deles, se necessário para suprir a demanda. A equipe seria conduzida por um supervisor (Gilson!) contratado por ter experiência em outros CSCs e que seria primordial para suportar o início das operações.

Saiba mais

Iniciar o CSC com uma operação assistida, em que profissionais com experiência em outros CSCs acompanhem de perto a rotina da equipe, potencializa os ganhos devido à agilidade de resposta a possíveis dificuldades que possam ocorrer. Esse acompanhamento, mais comumente realizado por consultorias, também pode ocorrer internamente através da especialização de colaboradores ou aquisição de novos colaboradores com experiência em CSC.

Gilson analisou o plano de ação de implantação baseando-se em um checklist com o que considerava ser primordial para iniciar as operações:

- SLAs acordados com os clientes.
- Metas definidas.
- Ferramenta de chamados estruturada para controle da demanda e gestão dos SLAs.
- Painel para acompanhamento de indicadores elaborado.
- Processos mapeados e procedimentos operacionais para as tarefas críticas elaborados.
- Equipe selecionada e treinada.
- Clientes dos serviços devidamente informados sobre o início das operações.

Quando Gilson chegou no Grupo Construir, a equipe do projeto já havia executado as ações para acordar os SLAs diretos e reversos com os clientes e, também, para definir as metas que o CSC deveria alcançar. Com o apoio da equipe de TI, Gilson cuidou da inclusão dos serviços do CSC na ferramenta de chamados que já existia. Foi necessário dar somente uma nova roupagem para destacar a nova estrutura de prestação de serviços.

De forma complementar à ferramenta de chamados, a equipe do projeto elaborou um *dashboard* para acompanhamento dos indicadores dos processos. Mais uma vez, pensando na agilidade essencial nesse início de operação, Gilson solicitou apoio da TI para que o *dashboard* fosse atualizado de forma online, viabilizando a resposta rápida da equipe. A ideia de Gilson era deixar uma tela na área para quem estivesse presencialmente, mas todos poderiam acessá-la de forma remota. Além disso, o *dashboard* seria o norte para as reuniões de desempenho que a equipe realizaria diariamente.

Com apoio do RH, Gilson buscou selecionar os novos integrantes para o CSC, dando mais atenção neste primeiro momento para a cultura de prestação de serviço e a capacidade de comunicação e de solução de problemas da equipe. Por se tratar do início de um CSC, tinha em mente que o essencial por agora seria ter pessoas que aprendessem rápido e tivessem tato para lidar com os clientes internos. Como um ponto facilitador, Jaqueline, uma das assistentes de RH que já atuava na equipe de Administração de Pessoal, possuía as características que Gilson buscava e pôde ser remanejada para o CSC, levando o conhecimento técnico que já detinha.

Além de Jaqueline, foi remanejada também a Tatiane, assistente da equipe financeira. Foram ainda contratados no mercado:

- Cláudia, com experiência como analista de BI: visando trazer senioridade para a equipe e garantir análises mais robustas (baseadas em dados!) dos desafios que estavam por vir (além de apoiar no operacional quando fosse necessário).

- Rodrigo, com experiência como atendente de *call center*: além de ter tido a vivência em uma central de atendimento, trazia com entusiasmo a cultura do servir.

O piloto da célula de RH do CSC do Grupo Construir ficou então com a estrutura indicada na Figura 38.

Figura 38 – Estrutura da célula de Recursos Humanos do CSC do Grupo Construir

Fonte: Elaboração das autoras.

Com a equipe selecionada, Gilson promoveu não só os treinamentos técnicos relacionados aos serviços migrados, como também organizou treinamentos como “Atendimento ao cliente” e “Ferramenta de chamados e análise dos indicadores”. Já pensando em formar essa primeira equipe como futuros multiplicadores, Gilson dividiu a responsabilidade dos treinamentos com o que cada um da equipe possuía de mais experiência:

- Jaqueline, com experiência em RH: treinamentos técnicos em benefícios, treinamentos corporativos e exames ocupacionais.

- Cláudia, com experiência como analista BI: análise de indicadores e a importância do registro correto das informações na ferramenta de chamado para visualização da gestão.
- Rodrigo, com experiência em central de atendimento: treinamento em atendimento ao cliente, com exemplos práticos do dia a dia.

Pensando no dia a dia da operação, apesar de todos estarem treinados para atuar em qualquer serviço do piloto CSC, Gilson dividiu a equipe da seguinte maneira:

- Em "Benefícios e folha de pagamento", por ser um tema mais sensível, Gilson achou por bem manter a Jaqueline, por ela já ter experiência no tema. Juntamente com ela, alocou a analista Cláudia para trazer uma visão mais analítica, buscando tratar as causas raiz com ações estruturantes (além de ela ter chegado recentemente à empresa e não possuir ainda os vícios do negócio).
- Em "Treinamentos obrigatórios e de desenvolvimento", alocou a Tatiane; e, por fim, Rodrigo ficou responsável pelos "Exames ocupacionais".

Saiba mais

Aqui estamos trazendo o início de uma operação ainda sem serviços com atendimento de nível 0, mas é claro que, se sua empresa tiver recursos e histórico para já implantá-la logo no início da operação do CSC, os ganhos serão expressivos, uma vez que conseguimos reduzir a intervenção humana no atendimento de nível 1.

A ideia de Gilson era conseguir desenvolver alguma ferramenta para atendimento de nível 0 e separar a equipe nos atendimentos em níveis 1 e 2. Entretanto, como não havia um histórico estruturado, manteve a estrutura de serviço por colaborador para que iniciassem os registros. A especialização da equipe nesses primeiros meses, com o apoio da ferramenta de chamados formalizando as solicitações, seria a base para o futuro chatbot do Grupo Construir.

E, finalizando as ações de pré-inauguração do CSC, a equipe de comunicação do Grupo Construir apoiou no desenvolvimento dos materiais de divulgação dos novos serviços para os clientes internos. Produziram vídeos com o passo a passo para cada serviço e os comunicados que divulgariam para toda a empresa a data de inauguração do novo CSC. Para reforçar a comunicação, foram disparando informativos em forma de contagem regressiva com a data de início do CSC para gerar engajamento no Grupo Construir, impulsionando os clientes internos a utilizarem os novos serviços.

Importante salientar que, durante esse período, a equipe do projeto acompanhava o andamento das ações diariamente e cobrava os devidos responsáveis por cada uma delas, renegociando prazos e pensando em maneiras de apoiar aqueles que estavam em atraso. Além da disciplina de acompanhar o plano diariamente, o pensamento colaborativo do time foi essencial para que as ações saíssem do papel!

Saiba mais

Pode ser que não seja possível executar todo o plano de ação proposto inicialmente antes da implantação do CSC. Cabe à gestão do projeto avaliar quais ações são prioritárias para o *Go Live* e quais podem ser executadas já com o centro de serviços em funcionamento. Às vezes, é necessário trocar o pneu com o carro andando!

8.1 É CHEGADO O GRANDE DIA

Depois de semanas planejando o início das operações, é chegado o dia da inauguração do CSC do Grupo Construir. Para reforçar a importância que a empresa dava à nova estrutura, Geni fez questão de participar do evento de abertura e solicitou a presença de todo o corpo diretivo. O evento reforçou os objetivos do novo CSC e enfatizou a importância da nova estrutura para a melhoria do dia a dia nas áreas *core*.

A liderança pareceu bastante engajada em fortalecer o nome do CSC do Grupo Construir para suas respectivas áreas e, junto com as comunicações que haviam sido enviadas para os clientes internos informando sobre a inauguração, deixaram Gilson e equipe otimistas para o início dos trabalhos.

Mas, como nem tudo sai como planejado, compartilhamos com você os quatro principais desafios enfrentados no início da operação de um CSC.

8.2 1º DESAFIO: MUDANÇA DE ~~PROCESSO~~ CULTURA!

A equipe estava ansiosa para colocar em prática tudo o que havia aprendido nas últimas semanas e inspirada a servir da melhor maneira possível os clientes internos. Contudo, a demanda esperada não veio e o primeiro dia de trabalho passou lentamente. Ao início do segundo dia, durante a reunião diária do CSC, a equipe viu no *dashboard* que a demanda ficou realmente muito aquém do esperado. Gilson resolveu ir até o RH para entender se haveria algum acontecimento específico que poderia ter inibido as demandas nesses primeiros dias.

Para sua surpresa, a equipe de RH seguia atendendo as solicitações da regional Nordeste que chegavam por e-mail. Imediatamente, Gilson alinhou com a supervisora de RH que a equipe responderia os e-mails com o link para a ferramenta de chamado e com os vídeos explicativos orientando os colaboradores a entrarem em contato com o CSC, apoiando a educação dos clientes internos no novo processo.

Além desse alinhamento com o RH, Gilson voltou com a equipe de comunicação e definiram novos formatos de comunicado para serem enviados até as operações no CSC se estabilizarem.

Saiba mais

Não ler e-mails corporativos é mais comum do que se imagina! Na correria do dia a dia muitos deixam passar. O importante é pensarmos nas mais variadas formas e canais para comunicarmos com o time e, assim, garantirmos o máximo possível de exposição.

Mesmo com todos os esforços em comunicação, pode ser que algumas pessoas não acessem os comunicados ou mesmo mantenham a forma antiga de trabalhar por uma questão cultural da empresa. Seja paciente e vá criando formas de cercar esses casos até que consiga centralizar as demandas conforme o planejado.

Feito o alinhamento com a equipe de RH, a equipe do CSC não ficou mais ociosa. Eram muitas demandas que chegavam e a equipe corria atrás de atendê-las.

8.3 2º DESAFIO: EDUCANDO OS CLIENTES INTERNOS

Mesmo com o volume crescente de chamados, a equipe do CSC estava conseguindo cumprir o SLA, porém muitas solicitações estavam fora do SLA reverso e não cumpriam os parâmetros mínimos para que a equipe do CSC desse sequência ao atendimento de forma célere. Faltava informação, faltava documentação, o pedido era feito com um prazo inferior ao previsto... Enfim, depararam-se com um vai e volta sem fim!

Dessa vez, Gilson tirou Rodrigo (assistente de atendimento) da operação para reunir com a equipe de comunicação a fim de priorizarem a revisão dos manuais e vídeos que haviam disponibilizado. A ideia era dar destaque aos principais pontos que acarretavam o retorno dos chamados não finalizados.

A equipe de comunicação disparou comunicados para os clientes da regional Nordeste, focando os principais pontos de atenção e disponibilizando o link onde estariam sempre atualizados os manuais e os vídeos explicativos.

Saiba mais

A manutenção dos materiais explicativos é essencial para garantir a melhoria contínua dos processos do CSC. Quando a equipe começa a ter dificuldades em solucionar chamados por falta de informação ou por incoerência no chamado, é primordial que o CSC atue rapidamente para rever os manuais do solicitante e divulgar de forma fácil e rápida essas mudanças como pontos de atenção. Ter uma ferramenta de chamados robusta que permita quantificar os motivos de não atendimento ao SLA reverso ajuda, e muito, na hora de priorizar ações de melhoria contínua.

8.4 3º DESAFIO: GESTÃO DA DEMANDA

Após três semanas de operação, era esperado um *boom* na demanda de trabalho do CSC devido ao período de processamento dos benefícios e folha de pagamento, e pelo fato de o processo ainda ser bastante manual no Grupo Construir. Sabendo disso, Gilson planejou uma reorganização da equipe, colocando Tatiane para atuar com Jaqueline e Cláudia nesse processamento, e deixando Rodrigo responsável pelos atendimentos de nível 1 de todos os serviços.

Durante uma semana, o CSC do Grupo Construir funcionou dessa maneira, e Gilson já imaginava que o SLA do nível 1 ficaria aquém da meta diária nesse período, devido às demandas estarem centralizadas somente em Rodrigo. Contudo, pensando na importância de processar os benefícios e a folha de pagamento e no quanto essas atividades impactam o fechamento contábil da empresa, fazia todo sentido priorizar essa forma de distribuição.

No plano de ação constava a criação do FAQ e sua divulgação antes do final do mês seguinte, e a previsão era de que esse estouro de SLA não ocorresse novamente, ou fosse pelo menos reduzido.

Saiba mais

A gestão da demanda no CSC é um dos pilares do bom funcionamento das operações. O ideal é conhecer o perfil da demanda, avaliar se há sazonalidade e planejar antecipadamente como a equipe deverá se organizar para atendê-la. O gestor deve se perguntar:

- Preciso de mais pessoas? E se for em um período específico – vale a pena contratar temporários?
- É possível remanejar as pessoas entre os serviços? Será que tem serviços que estão em alta demanda durante o mesmo período em que outros serviços estão em baixa?
- É possível renegociar o SLA com os clientes internos ou estipular SLAs diferenciados em período de alta demanda?
- Consigo desenvolver ações que minimizem o impacto da alta demanda sazonal?

8.5 4º DESAFIO: PESQUISA DE SATISFAÇÃO DO PRIMEIRO MÊS

Com o passar das primeiras semanas de operação, começou a se formar uma base de dados com os resultados da pesquisa de satisfação do atendimento de cada chamado. O impacto do período de processamento dos benefícios e da folha de pagamento, que acabou resultando no estouro de SLA dos demais serviços, ficou evidente quando a equipe analisou o *dashboard*.

Naturalmente, há um período de adaptação tanto por parte dos solicitantes, que estão lidando com uma ferramenta ou procedimento novo, quanto da equipe do CSC, que também está se adequando a um novo formato de trabalho.

A curva de aprendizado e ganho de maturidade e estabilização do CSC costuma durar 1 ano pós-implantação. Para encurtar esse prazo médio, a atuação com um piloto permite ciclos mais curtos de melhoria contínua e resultados mais rápidos, ainda que em menor dimensão. É muito importante manter a disciplina de acompanhar os resultados, analisar as causas dos desvios, elaborar o plano de ação e executá-lo para garantir o aprimoramento da operação.

Saiba mais

Caso a empresa tenha optado por migrar os processos via rota 1, ou seja, migrando os processos como estão e depois aprimorando, a percepção de piora na qualidade dos serviços pode ficar acentuada. O papel na gestão da mudança e da comunicação nessa rota se faz ainda mais importante!

Aqui reforçamos: uma certeza do período de implantação é que teremos desafios. O importante é atuar de maneira rápida.

Transformando o CSC em realidade

Queremos que você se **antecipe às principais dificuldades** da implantação ... o importante é **agir de forma rápida!**

1° Desafio: Mudança cultural

- Dê bastante atenção à comunicação
- Liderança patrocinadora que garanta engajamento dos envolvidos
- Feche canais alternativos de solicitação de serviços

2° Desafio: Educar clientes internos

- Explique como o novo modelo vai funcionar
- Se coloque no lugar do cliente
- Revisite constantemente os materiais de treinamento

3° Desafio: Gestão da demanda

- Conheça o perfil da demanda e sempre avalie:
  - Preciso redistribuir as atividades?
  - Preciso contratar temporários?
  - Posso renegociar o SLA?

4° Desafio: Primeira pesquisa de satisfação

- ✓ Não desanime! A curva de aprendizado é em média de 1 ano
- ✓ Atuar em ciclos curtos (pilotos) implica em "erros menores"

Capítulo 9

RUMO À EXCELÊNCIA

No prefácio deste livro, compartilhamos com você os três momentos que devem ser levados em consideração para a organização das análises e decisões sobre a estruturação de um CSC:

1º) Estudo de viabilidade
2º) Implantação
3º) Sustentação

Este livro foi organizado da seguinte forma: no Capítulo 1, contextualizamos o cenário atual do Grupo Construir e os desafios de Geni. Do Capítulo 2 ao 5, abordamos o estudo de viabilidade, que teve como objetivo apresentar os requisitos que fazem do CSC a melhor opção para a resolução do problema central tratado no livro: "Como tornar uma empresa mais eficiente sem que isso comprometa a qualidade dos serviços prestados aos seus clientes" e como executar o mapeamento dos processos atuais para identificação das fragilidades e mensuração dos custos atrelados à execução destes.

Ao longo dos Capítulos 6, 7 e 8, compartilhamos o passo a passo da 2ª fase (implantação), aprofundando em assuntos técnicos como redesenho de processos, requisitos para operacionalização de um CSC, tecnologias, capacitação de pessoas e operação assistida após o *Go Live*.

A terceira fase (sustentação) visa alavancar os resultados (quantitativos e qualitativos) do CSC já implantado através do avanço na maturidade das práticas de compartilhamento de serviços e em gestão dos resultados.

Conforme falamos no início do livro, o nosso foco foi detalhar as duas primeiras fases, até porque a fase de sustentação demandaria um livro específico, tendo em vista a amplitude de temas que precisariam ser discutidos em profundidade e "traduzidos" em um guia prático. Entretanto, gostaríamos de compartilhar com você – que se dedicou nesta trilha de conhecimento – o que acreditamos ser um CSC de excelência e como você pode identificar em qual estágio da jornada se encontra.

9.1 CSC DE EXCELÊNCIA

Conforme abordado, os CSCs nasceram de uma necessidade de redução de custos obtida por meio de economia de escala e ganhos de produtividade e eficiência através da consolidação dos processos e atividades de suporte desempenhadas por diferentes empresas/unidades de negócio de um mesmo grupo econômico. No escopo original predominavam os processos transacionais de maior volumetria e maior potencial de padronização. Entretanto, à medida que as lições aprendidas ao longo dos processos de implantação retroalimentavam a evolução natural do modelo, somadas às primeiras iniciativas em tecnologia, o escopo de soluções ofertadas foi se remodelando e o posicionamento do CSC dentro das organizações ganhou destaque.

Em um cenário atual de mercado cada vez mais competitivo e *stakeholders* cada vez mais conscientes e exigentes, os CSCs de excelência ganham força e se afirmam como um ativo estratégico que suporta e potencializa o alcance de resultados sustentáveis para as organizações, dialogando em alto nível com os negócios com um olhar cuidadoso sobre suas particularidades, contexto atual, dores, tendências, impacto e visão de futuro. Para que isso seja factível, não podem mais se restringir à operacionalização dos processos transacionais. Precisam atuar de forma consultiva, sendo promotores de uma cultura mais analítica e orientada a dados, também conhecida como *data driven*, e da cultura ambidestra, que preza pela garantia da excelência operacional, sem que isso coloque em segundo plano a busca pela inovação.

O desenvolvimento de uma cultura de prestação de serviço de alta performance também é pré-requisito para a excelência.

A integração das atividades de *back* e *front office* garantirá o atendimento das necessidades e interesses dos clientes finais e, consequentemente, a geração de maior valor ao negócio.

A evolução da maturidade em gestão deste modelo de negócios é a virada de chave para este posicionamento mais estratégico e o desenvolvimento da cultura de alta performance.

9.2 ATRIBUTOS DE UM CSC DE EXCELÊNCIA

Um dos resultados obtidos com o avanço da maturidade em gestão e em práticas de compartilhamento de serviços é a solidificação de características – que aqui nomeamos de atributos básicos ou *need to have* – e a implementação de outros que denominamos incrementais ou *good to have.*

Sobre os atributos básicos, gostaríamos de destacar alguns pontos:

- Disciplina de execução é resultado de padronização dos processos e organização e capacitação das equipes.
- Compromisso com a excelência é evidenciada pela existência de um catálogo de serviços que contemple as particularidades de cada negócio e SLAs definidos e monitorados.
- Capacidade de resolução de problemas de forma consistente e metodológica. Para isso, três passos são fundamentais:

    - Definição de indicadores que traduzam os principais resultados que o CSC (unidade de negócio) e cada célula sua precisa entregar.
    - Estabelecimento de metas para cada um dos indicadores – alinhadas com o planejamento de médio prazo definido.
    - Implementação de rituais de acompanhamento para gestão do desempenho desses resultados.

Os atributos incrementais estão diretamente conectados com as tendências que observamos para esse modelo de negócio.

O desenho da experiência do cliente e a adaptação dos processos internos, através de metodologias ágeis, serão fatores preponderantes para o fortalecimento do CSC como ativo estratégico que suporta e potencializa o alcance de resultados sustentáveis para as organizações. Temas comuns abordados nessa jornada são: omnicanalidade; modelo de acompanhamento da execução do serviço; disponibilidade de autosserviços; ferramentas de avaliação da satisfação dos clientes em tempo real.

Por fim, gostaríamos de destacar o novo perfil do CSC, que deixa de ser apenas um prestador de serviço e passa a assumir uma postura de parceiro de negócios. Além disso, por serem naturalmente os incubadores das primeiras iniciativas de automação de processos, melhoria contínua, gestão de projetos e gestão do conhecimento, eles se firmam como o agente polinizador dessas práticas, com elevado potencial de transformar essas capacidades desenvolvidas em novos serviços.

Geni e seu time de gestores trabalharam consistentemente durante o projeto de implantação do CSC do Grupo Construir. O patrocínio e o acompanhamento de perto por parte de Geni foram fundamentais para a credibilidade do CSC e para a mitigação rápida de resistências e ruídos. O gerente de projeto, com sua disciplina e organização, trouxe cadência às atividades, com visibilidade dos gargalos e tratativas ágeis. E o gestor do CSC, com a experiência e o alinhamento cultural, acelerou a captura dos resultados planejados.

Todos já percebem o aumento da eficiência, a melhoria dos níveis de serviço e a robustez dos processos no dia a dia da empresa. Entretanto, a jornada não acaba por aqui! Geni deseja que o CSC do Grupo Construir seja um *benchmark* e ativo estratégico – reconhecido internamente e pelo mercado – que potencializa os resultados e suporta um futuro próspero e longevo da companhia. Mais do que processos otimizados, o verdadeiro legado é a transformação cultural, o empoderamento de pessoas e a construção de uma base sólida para os desafios que ainda virão. O CSC é apenas o começo. O futuro é colaborativo, inteligente e humano – e a Construir está pronta para continuar liderando essa transformação.

Querido leitor, agradecemos pela companhia até aqui!

Apesar de cada projeto de implantação de um CSC ser único em função das características da organização e dos objetivos almejados, esperamos que, após esta leitura, você se sinta mais preparado para o desafio de implantá-lo em sua organização.

Se precisar de mais ajuda ou orientação, teremos o maior prazer em apoiá-los.

Um abraço!
Eveline e Marina

REFERÊNCIAS BIBLIOGRÁFICAS

ASSOCIAÇÃO BRASILEIRA DE SERVIÇOS COMPARTILHADOS (ABSC). *Estudo sobre o Mercado Brasileiro de Serviços Compartilhados*. [*S. l.*]: ABSC, 2021.

CAMPOS, Vicente Falconi. *Gerenciamento da rotina do trabalho do dia a dia*. 9. ed. Nova Lima: Falconi, 2013.

CELONIS. *The ultimate guide to shared services transformation*. [*S. l.*]: Celonis, 2021.

CHAVES, Neuza. *Equipes de melhoria contínua*. 5. ed. São Paulo: Falconi, 2019.

DELOITTE. *Shared services handbook*: hit the road. London: Deloitte, 2011.

DELOITTE. 2019 Global Shared Services Survey Report. Disponível em: https://www2.deloitte.com/content/dam/Deloitte/us/Documents/process-and-operations/2019-global-shared-services-survey-results.pdf. Acessado em: 8 maio 2025.

DELOITTE. *2021 Global Shared Services and Outsourcing Survey Report*. [*S. l.*]: Deloitte, 2021.

DELOITTE. 2023 *Pesquisa do Centro de Serviços Compartilhados*. Disponível em: https://www.deloitte.com/br/pt/services/consulting/research/global-shared-services-survey.html. Acessado em: 28 mai. 2025.

INSTITUTO DE ENGENHARIA DE GESTÃO (IEG). Pesquisa *Benchmark* em CSC 2020. [*S. l.*]: IEG, 2020.

INSTITUTO DE ENGENHARIA DE GESTÃO (IEG). *Manual de boas práticas em centros de serviços compartilhados*. [*S. l.*]: IEG, 2021.

MAGALHÃES, Carlos. *Centro de Serviços Compartilhados*. 2. ed. rev. ampl. São Paulo: All Print, 2018.

MOREIRA, Marina Penha. A maturidade dos Centros de Serviços Compartilhados brasileiros. *Jornal Empresas e Negócios*, 25 abr. 2023. Disponível em: https://jornalempresasenegocios.com.br/negocios/a-maturidade-dos-centros-de-servicos-compartilhados-brasileiros/. Acessado em: 5 maio 2023.

MUNIZ, Antonio et al. *Jornada CSC*: unindo práticas e experiências que potencializam o mundo dos Centros de Serviços Compartilhados. Rio de Janeiro, Brasport, 2021.

PROJECT MANAGEMENT INSTITUTE. *Um Guia do Conhecimento em Gerenciamento de Projetos (Guia PMBOK)*. 5. ed. São Paulo: Saraiva, 2014.

PROSCI. *Best practices in change management*. 12th Edition.

PROSCI. *Uma introdução à Gestão de Mudanças*: o que é e por que faz diferença na sua organização. [*S. l.*]. 2019.

PWC. *Serviços compartilhados*: sucesso multiplicado. [*S. l.*]: PWC, 2017. Disponível em: https://www.pwc.com.br/pt/estudos/setores-atividades/tmt/assets/2017/pesq_csc_22-02-17.pdf. Acessado em: 28 mai. 2025.

PWC. *Serviços compartilhados*: foco na digitalização. [*S. l.*]: PWC, 2019.

PWC. *Global Business Service*: a chave para agilidade. [*S. l.*]: PWC, 2021.

STAMFORD, Conn. Gartner forecasts worldwide low code development technologies market to grow 20% in 2023. Disponível em: https://www.gartner.com/en/newsroom/press-releases/2022-12-13-gartner-forecasts-worldwide-low-code-development-technologies-market-to-grow-20-percent-in-2023. Acessado em: 28 mai. 2025.

CASES

Case 1

- Segmento: concessão de transporte municipal.
- Contexto/demanda: alto custo do serviços contratados junto ao CSC corporativo e baixo nível de serviço.
- Ano: 2020 a 2023.
- Solução: análise de custeio, rateio e precificação do serviços; gestão de demanda e análise de terceirizações (BPO); construção, acompanhamento e execução de RFP (Tec).
- Resultados: redução de gastos e melhoria da qualidade dos serviços de administração de pessoal, fiscal, contabilidade, financeiro e suprimentos.

Case 2

- Segmento: utilidades – concessões de água e esgoto/água industrial.
- Contexto/demanda: baixa captura de sinergias e baixa satisfação de clientes internos.
- Ano: 2020 a 2023.
- Solução: diagnóstico de maturidade dos processos e do CSC; análise, mapeamento e padronização dos processos; identificação de oportunidades de sinergia/integração dos processos; *benchmarking*; implantação e operação assistida – gestão da rotina; planejamento estratégico do CSC; análise de custeio; rateio e precificação do serviços e construção do catálogo de serviço.
- Resultados: aumento do *saving* de compras em 52%; melhoria do SLA de admissões de pessoal em 20%; melhoria do SLA de recrutamento de pessoal em 40%; melhoria do NPS e do relacionamento entre corporativo e unidades de negócio; redução de gastos com pessoal em 20%.

Case 3

- Segmento: cooperativismo agropecuário.
- Contexto/demanda: alto custo do serviços contratados junto ao CSC corporativo, baixo nível de serviço e movimentações estratégicas.
- Ano: 2019, 2020 e 2023.
- Solução: redesenho, documentação e padronização dos processos, implantação e operação assistida – gestão da rotina e CoE; diagnóstico de maturidade do CSC, xadrez de gente, governança dos resultados e SLAs.
- Resultados: redução dos desvios do orçamento de OPEx; aumento dos contratos elaborados no prazo de 75% para 85%; redução dos atrasos no fechamento contábil de 9% para 3%; aumento do PMP de 39 para 45 dias; redução das horas extras em 27%; redução do gasto de manutenção de veículos em 13%; redução dos gastos com pessoal de TI em 37%.

Case 4

- Segmento: concessão aeroportuária.
- Contexto/demanda: alto custo do serviços contratados junto ao CSC corporativo e baixo nível de serviço.
- Ano: 2022.
- Solução: análise de custeio, rateio e precificação dos serviços; gestão de demanda e análise de terceirizações (BPO); construção, acompanhamento e execução de RFP (Tec).
- Resultados: redução de gastos e melhoria da qualidade dos serviços de gestão de pessoas, financeiro, suprimentos, jurídico e TI.

Case 5

- Segmento: educação.
- Contexto/demanda: expansão estratégica do negócio e necessidade de amadurecimento do CSC.
- Ano: 2021.
- Solução: diagnóstico de maturidade do CSC; *benchmarking*.
- Resultados: nível de maturidade global do CSC e grau de aderência de cada dimensão avaliada em relação às melhores práticas. Qualificação das práticas atuais do CSC e identificação de lacunas que possam comprometer a realização dos resultados esperados para a organização. Sinalização e priorização das principais oportunidades de melhoria visando um CSC de excelência.

Case 6

- Segmento: energia.
- Contexto/demanda: expansão estratégica do negócio e atraso de evolução dos processos de suporte.
- Ano: 2021.
- Solução: diagnóstico de maturidade dos processos e do CSC; *benchmarking*.
- Resultados: redução dos erros nos processos, melhoria dos níveis de serviço e aumento da maturidade do CSC.

Case 7

- Segmento: varejo supermercadista.
- Contexto/demanda: altos gastos e baixo nível de padronização (previsibilidade e estabilidade)/qualidade dos processos suporte.
- Ano: 2020.
- Solução: diagnóstico de maturidade dos processos e do CSC; análise, mapeamento e padronização dos processos; revisão do catálogo de serviços; *benchmarking*.
- Resultados: redução dos erros nos processos, melhoria dos níveis de serviço, aumento da maturidade do CSC, redução dos gastos com pessoal em 16%.

Case 8

- Segmento: energia.
- Contexto/demanda: alto custo do processos de *backoffice*, baixo nível de serviço e movimentações estratégicas.
- Ano: 2019 e 2020.
- Solução: redesenho, documentação e padronização dos processos, implantação e operação assistida – gestão da rotina, governança de resultados e SLAs.
- Resultados: redução de quantitativo de pessoal em 28% e aumento do índice de faturamentos, pagamentos e cadastros sem erros; redução das horas extras; redução do custo de formalização de contratos em 72%.

Case 9

- Segmento: medicina diagnóstica.
- Contexto/demanda: aquisições de diversas unidades operacionais (processos, sistemas, perfis dos colaboradores) e necessidade de integração/criação da nova cultura unificada e captura de sinergias.
- Ano: 2019 e 2020.
- Solução: diagnóstico de maturidade dos processos e do CSC; redesenho, documentação e padronização dos processos; implantação (*Go Live*) e operação assistida com automação dos processos.
- Resultados: redução dos gastos com pessoal em 15%; redução das horas de execução de processo da tesouraria em 93%; redução das horas do processo de conciliação bancária em 69%.

Case 10

- Segmento: energia.
- Contexto/demanda: expansão do negócio no Brasil e necessidade de captura de sinergias.
- Ano: 2019 e 2020.
- Solução: diagnóstico de maturidade dos processos e do CSC; redesenho, documentação e padronização dos processos; implantação (*Go Live*) e operação assistida com automação dos processos; governança dos resultados e SLAs.
- Resultados: redução de gastos de pessoal em 36% e melhoria da qualidade dos serviços.

Case 11

- Segmento: *holding* de negócios (indústrias e serviços).
- Contexto/demanda: saída de um negócio relevante do grupo e necessidade de adequação dos processos de suporte ao novo tamanho.
- Ano: 2019.
- Solução: diagnóstico de maturidade dos processos e do CSC; análise, mapeamento e padronização dos processos; identificação de oportunidades de sinergia/integração e automação dos processos.
- Resultados: oportunidades de redução de gastos da ordem de 17% e adequação do porte do CSC; aumento de produtividade dos processos com base em automação.

Case 12

- Segmento: *holding* de serviços.
- Contexto/demanda: coexistência de CSCs da *holding* e das empresas controladas com baixa captura de sinergias e baixa satisfação e adesão dos clientes internos.
- Ano: 2019.
- Solução: diagnóstico de maturidade dos processos e do CSC; análise, mapeamento e padronização dos processos; identificação de oportunidades de sinergia/ integração dos CSCs do grupo; *benchmarking*.
- Resultados: oportunidades de redução de gastos da ordem de 30% e melhoria do NPS do CSC da *holding*.

Case 13

- Segmento: mineração/siderurgia – indústrias de base.
- Contexto/demanda: expansão no Brasil, altos gastos e baixo nível de serviço/qualidade dos processos suporte.
- Ano: 2018 e 2019.
- Solução: revisão do *business case* com avaliação de localização; redesenho, documentação e padronização dos processos; análise de automação e central de atendimento; estratégias de transição e ondas de implantação; implantação (*Go Live*) e operação assistida/gestão da rotina; gestão da demanda; gestão de riscos e mudança; governança dos resultados e SLAs.
- Resultados: redução dos gastos com pessoal do CSC cerca de 16% e cerca de 14% em quantitativo de pessoal; melhoria dos indicadores técnicos dos processos.

Case 14

- Segmento: serviços de telecomunicações.
- Contexto/demanda: expansão no Brasil, altos gastos e baixo nível de serviço/qualidade dos processos suporte.
- Ano: 2013 e 2014.
- Solução: construção do *business case* com avaliação de localização; redesenho, documentação e padronização dos processos; análise de automação e central de atendimento; estratégias de transição e ondas de implantação; implantação (*Go Live*) e operação assistida/gestão da rotina; gestão da demanda; gestão de riscos e mudança; governança dos resultados e SLAs.
- Resultados: redução dos gastos com pessoal cerca de 18%; aumento em 100% no *saving* em negociações de contratos; melhoria dos indicadores técnicos dos processos (prazo de disponibilização de mão de obra e de *facilities*; prazo de compras e contratações e de atendimentos de TI).

Case 15

- Segmento: concessões rodoviárias.
- Contexto/demanda: expansão do negócio e necessidade de estruturação dos processos de suporte.
- Ano: 2012.
- Solução: diagnóstico de maturidade dos processos e elaboração de *business case*.
- Resultados: oportunidades de redução de gastos da ordem de 15% e viabilidade do modelo.

Case 16

- Segmento: varejo supermercadista.
- Contexto/demanda: expansão no Brasil, altos gastos e baixo nível de serviço/qualidade dos processos suporte.
- Ano: 2008 a 2011.
- Solução: construção do *business case* com avaliação de localização; redesenho, documentação e padronização dos processos; análise de automação e central de atendimento; estratégias de transição e ondas de implantação; implantação (*Go Live*) e operação assistida/gestão da rotina; gestão de riscos e mudança; governança dos resultados e SLAs.
- Resultados: redução dos gastos em cerca de 20%; melhoria dos indicadores técnicos dos processos (prazo do fechamento contábil, erros em apuração de tributos, fechamento da folha).

Case 17

- Segmento: shopping centers.
- Contexto/demanda: aquisições de diversos shoppings de características diferentes (processos, sistemas, perfis dos colaboradores) e necessidade de integração/criação da nova cultura unificada e captura de sinergias em paralelo à implantação do ERP único.
- Ano: 2007 e 2008.
- Solução: construção do *business case* com avaliação de localização; redesenho, documentação e padronização dos processos; implantação (*Go Live*) e operação assistida.
- Resultados: redução dos gastos em 47%.

Case 18

- Segmento: indústria alimentícia.
- Contexto/demanda: expansão no Brasil e no exterior e altos gastos com processos de suporte.
- Ano: 2007 e 2008.
- Solução: construção do *business case* com avaliação de localização; centralização física; redesenho, documentação e padronização dos processos; implantação (*Go Live*) e operação assistida/gestão da rotina.
- Resultados: redução dos gastos em cerca de 41%.

FONTE FreightText Pro, Futura PT, League Gothic
PAPEL Offset 75g
IMPRESSÃO Paym